MATHILDE, JULIETTE, BONAPARTE ET LES AUTRES...

45, rue du Clos-Four – 63056 Clermont-Ferrand Cedex 2

Aline Voinot

MATHILDE, JULIETTE, BONAPARTE ET LES AUTRES

VENTS D'HISTOIRE

« La noblesse aurait subsisté si elle s'était occupée davantage des branches que des racines. »

Napoléon Bonaparte

À Laurent, mon frère qui nous a toujours manqué,
à Marie-Claude et Yves, mes parents

Seuls l'héroïne Mathilde de Cambacérès et ses descendants sont des personnages de fiction. Tout le reste repose sur des faits historiques réels décrits dans différents récits d'auteurs de l'époque.

1

À chacun sa destinée

Janvier 1800

Mathilde entendit la porte du couvent de la Déserte claquer derrière elle. Longtemps, elle se souviendrait de ce bruit sec suivi d'un immense silence.

Il y a encore quelques mois à peine, son père était un homme d'affaires incontournable à Lyon. Paul Hamelin, époux de Louise Motte, héritière des soieries Motte, avait repris la direction de l'établissement. Mais une série de placements malheureux lui avait rapidement fait comprendre que cette année 1799 finirait mal.

Cette crise n'était pas récente. Déjà, quelques années avant la Révolution, les ouvriers tisserands de la soie lyonnaise, les canuts, avaient réclamé une hausse des tarifs de deux sols par aune[1] de tissu. Même une maison bien établie comme les soieries Motte ne pouvait payer cette augmentation sans mettre en péril son avenir.

Puis, en 1789, la révolte populaire qui avait renversé le roi avait aggravé la situation. En décapitant la noblesse, elle avait décimé la principale clientèle des soieries que la bourgeoisie naissante n'avait pas encore remplacée. L'industrie de la soie employait plus du tiers

1. Aune : mesure de longueur valant 1,20 mètre ; elle fut supprimée en 1840.

de la ville. En 1791, cernée par les dettes et la famine, la population se révolta à nouveau.

Les artisans lyonnais exigeaient la levée des droits d'octroi[1]. Cet impôt injuste taxait les artisans sur toutes les matières premières, tandis qu'il épargnait les biens des riches propriétaires. Le peuple comprenait mal que de telles mesures perdurent après la Révolution.

Paul Hamelin, pessimiste sur l'avenir de son établissement, décida de vendre la soierie. Même si l'affaire fut bradée, la famille Hamelin allait pouvoir vivre confortablement de ses rentes. Une moitié de sa fortune permit d'acheter quatre beaux hôtels particuliers destinés à la location et l'autre moitié fut investie en Bourse.

En diversifiant ses investissements, Paul pensait réduire son risque de faillite, mais le malheureux souffrit de malchance.

Deux ans plus tard, Lyon, ville de banques, de négoce et de manufactures, se soulevait à nouveau. La Convention nationale[2], incapable de contrôler les émeutes, élabora en toute hâte un décret qui ordonnait de détruire la ville : toutes les maisons bourgeoises devaient être rasées, seules celles des pauvres seraient épargnées. Lyon allait également être privée de son nom pour s'appeler désormais « Ville-Affranchie » !

Ainsi, les quatre hôtels particuliers de la famille Hamelin furent rasés et Paul perdit, en quelques semaines, la moitié de sa fortune.

Joseph Fouché et Jean-Marie Collot d'Herbois furent chargés par la Convention de l'exécution de cette mission. Ils savaient que le zèle déployé pour la remplir serait apprécié en haut lieu.

Très vite cependant, ils furent dépassés par l'ampleur de leur tâche et autorisèrent des cruautés innommables. Jugeant la guillotine trop lente pour mettre en œuvre les exécutions à mort, ils optèrent pour des moyens plus expéditifs. Des centaines de condamnés furent amenés dans la plaine des Brotteaux, près de la grange de Part-Dieu, pour y être exécutés par des canons chargés à la mitraille. Ces méthodes radicales ramenèrent le calme à la

1. Les droits d'octroi sont des contributions indirectes perçues par les municipalités sur chacune des importations de marchandises sur leur territoire.

2. Assemblée qui vota à l'unanimité l'abolition de la royauté en France, fonda la Ire République, le 21 septembre 1792, et gouverna la France jusqu'en 1795.

fin de l'année 1794, mais la ville resta longtemps meurtrie par ce terrible épisode. Comme toujours en pareil cas, il s'ensuivit une terrible crise financière qui n'arrangea pas les affaires de la famille Hamelin.

Après la destruction de ses biens immobiliers, Paul Hamelin perdit la totalité de ses titres boursiers. La fortune constituée de génération en génération par la famille Motte s'était transformée en un gouffre de dettes.

Paul s'était appliqué à ne rien dire à sa femme pour ne pas l'inquiéter. Cependant, rapidement, le désastre fut tel qu'un matin il se décida enfin. Il n'entra pas dans de longues explications. Il se posta devant elle et lui annonça :

— Ma pauvre amie, vous et votre fille êtes ruinées, et moi avec...

Quelques minutes après, il franchissait la porte.

La faillite de M. Paul Hamelin avait fait grand bruit à Lyon. Accablé de désespoir, il s'était jeté dans le Rhône le 6 décembre 1799. On l'avait retrouvé noyé dès le lendemain.

La mère de Mathilde réagit avec courage pour sauver ce qui pouvait encore l'être. Elle avait tenu à rembourser ses dettes afin de ne pas risquer d'aller en prison. Tout ce qui lui restait, leur hôtel particulier, leurs meubles et leurs bijoux de famille, fut vendu pour rembourser chaque personne à qui Paul devait de l'argent. Les dernières pièces permirent de payer la pension de Mathilde. Louise souhaitait laisser sa fille au couvent jusqu'au jour de Noël, lorsqu'elle lui apprendrait tout : la mort de son père, la perte de sa fortune et la vie compliquée qui les attendait désormais.

Cette occasion ne se présenta pas : quelques semaines après le décès de son mari, elle mourut. Elle avait toujours été fragile des bronches et une maladie des poumons l'emporta. Sans argent, Louise s'était épuisée à trouver un nouveau logement et cette dernière tâche l'avait tuée. Elle était morte dans une simple chambre d'hôtel qu'elle occupait dans l'attente de son nouveau logis.

Sa cousine Adèle, elle-même religieuse dans le couvent de la Déserte, se chargea d'informer la petite orpheline des malheurs successifs qui s'étaient abattus sur sa famille. Mathilde eut, ce jour-là, le sentiment étrange et douloureux d'avoir changé de vie. Elle était maintenant seule, sans espoir et sans argent.

Grâce à sœur Adèle, le couvent fit dire une messe et accepta de prendre en charge les frais d'obsèques. Le corps de Louise fut enterré dans le cimetière de la ville le 26 décembre 1799.

La vie dont avait rêvé Mathilde enfant, celle qu'elle avait imaginée lorsqu'elle parlait avec sa mère, s'évanouissait. Le seul choix possible était de profiter de la générosité des religieuses pour devenir comme elles, dévouées à Dieu. Ce malheur lui volait non seulement son père et sa mère, complices de toujours, mais aussi l'avenir confortable qui lui était promis.

— Je ne veux pas devenir religieuse. Je ne veux pas rester ici ! s'était écriée Mathilde.

Sa décision de fuir le couvent de la Déserte ne fut pas prise à la légère. Elle résolut de se rendre à Paris au plus vite pour retrouver une cousine qui, comme elle, avait été pensionnaire de ce couvent. Mathilde se souvenait de cette parente, Juliette Bernard, qu'elle avait vue dans son enfance.

Depuis, elle avait appris qu'elle s'était mariée à Paris et se nommait Juliette Récamier. Sœur Adèle avait conservé dans son missel sa lettre de mariage, qui mentionnait son adresse. Mathilde l'avait subtilisée. Datée d'avril 1793, elle indiquait « rue du Mail, 12 à Paris ».

À 7 heures du matin, la jeune fille, vêtue de sa robe de deuil et d'un manteau de laine, venait de passer la porte du couvent. Elle rejoignit la poste d'un pas rapide. Il faisait un froid terrible. À peine arrivée, elle y trouva deux voitures dont les chevaux étaient harnachés. Dès qu'elle aperçut le postillon, elle s'élança vers lui pour lui proposer sa médaille de baptême contre une place.

— Mignonne, n'insistez pas, ce n'est pas moi qui vends les billets. Entrez dans la poste et demandez M. Chapuis, il s'occupera de votre affaire, dit le cocher.

Elle pénétra dans le bâtiment et lut, au-dessus d'un guichet : « M. Chapuis, Receveur général ». Elle se dirigea vers le comptoir.

— Mademoiselle, en quoi puis-je vous être utile ? demanda Chapuis.

— Je voudrais aller à Paris, rue du Mail... Au 12, répondit Mathilde d'une voix fébrile mais décidée.

Le receveur fut frappé par sa beauté. Ses yeux étaient d'un bleu intense et son teint clair, sa bouche vermeille était joliment dessinée. Ses longs cheveux blonds coiffés en chignon découvraient un cou élancé et délicat.

— Rue du Mail, rue du Mail... Vous y allez fort ! Peut-être voulez-vous que le postillon vous porte aussi à l'étage ? plaisanta Chapuis. Ces voyages se font de poste en poste. La plus proche de cette adresse est celle du Louvre. C'est à deux pas de la rue du Mail, vous avez de la chance ! Votre passeport, s'il vous plaît ?

Devant les yeux effarés de la pauvre Mathilde, Chapuis comprit très vite qu'il avait affaire à une voyageuse peu ordinaire.

— Pour payer mon voyage, je n'ai que cela, dit-elle en offrant sa médaille. Je n'ai pas de passeport.

Et elle fondit en larmes.

Le receveur général était un vieil homme qui avait vu bien des choses dans sa carrière de voyages en poste. Père de six enfants, il était protecteur et très généreux. Le sort s'était acharné sur Mathilde ces derniers jours, mais sans le savoir elle se trouvait devant le meilleur des hommes. Voyant la jeune fille chanceler, il se hâta de faire le tour du comptoir pour la soutenir. Elle tomba dans ses bras, la main refermée sur sa médaille.

Heureusement, la poste était encore vide ce matin d'hiver et la scène s'était déroulée sans témoins.

Il la souleva et la porta jusqu'à son bureau. Là, il l'allongea sur une banquette et alla lui chercher un verre d'eau. Elle reprit ses esprits.

— Allons, ma belle, qu'avez-vous ? lui demanda le père Chapuis en tapotant ses joues. Qui êtes-vous ? Pourquoi voulez-vous aller à Paris ?

— Je m'appelle Mathilde Hamelin, je souhaite rejoindre ma cousine, répondit Mathilde, le regard anxieux.

— Hamelin... Vous êtes la fille Hamelin des soieries Motte ?

Mathilde acquiesça.

— Vous êtes la fille de M. Paul Hamelin ? interrogea de nouveau Chapuis.

Mathilde répondit oui par un mouvement de tête.

— Ma pauvre petite... Je connaissais votre père, il voyageait régulièrement avec nous. Pendant longtemps, j'ai fait le postillon.

Alors, vous savez, j'ai souvent eu l'occasion de parler avec lui. Je savais qu'il avait une fille.

Il s'arrêta un instant et reprit :

— Pauvre enfant ! J'ai appris pour lui et votre mère. Les journaux en ont parlé. Je ne savais pas ce que vous étiez devenue.

— J'étais au couvent de la Déserte. Je pars aujourd'hui rejoindre ma cousine à Paris. Je n'ai plus qu'elle comme famille, expliqua Mathilde. La mère supérieure du couvent est alitée et n'a pas pu m'accompagner jusqu'ici. C'est pourquoi je suis venue seule.

Mathilde mentait avec un aplomb qui la surprenait.

— Et cette médaille, que voulez-vous que j'en fasse ? s'étonna Chapuis qui savait très bien où la jeune fille voulait en venir.

— Au couvent, les religieuses sont très pauvres. Je me suis dit que ma médaille de baptême pourrait payer mon voyage.

— Mais, que diable, je ne peux pas accepter une médaille !

Mathilde éclata de nouveau en sanglots.

— Je ne veux pas devenir religieuse. Je veux vivre ma vie, me marier et fonder une famille ! Docile, j'ai accepté jusqu'à présent mon sort, car je savais que mes parents me marieraient. Mais là, non, je ne veux pas y rester jusqu'à la fin de mes jours. Je ne veux pas, monsieur... Mes chers parents ne sont plus là pour m'entendre, mais ils auraient compris !

Mathilde avait présenté ses arguments avec une force étonnante, comme si elle les avait répétés maintes fois. Ce n'était pas habituel de voir une fille si jeune tenir des propos aussi vifs.

Le receveur, en bon père de famille, compatissait. Il se disait : « En voilà une qui n'a pas seize ans et qui a déjà une jugeote bien établie. »

— Aidez-moi, monsieur, aidez-moi !

La voiture de poste allait quitter Lyon dans quelques minutes, ce n'était pas le moment de tergiverser. Heureusement, le receveur était prêt à l'aider.

— Mignonne, calmez-vous ! Savez-vous exactement chez qui vous allez à Paris ? Comment se nomme votre cousine ?

— Juliette Bernard, répondit Mathilde, embarrassée, car à l'exception du nom et de l'adresse de Juliette, elle ne savait rien d'autre.

— La fille de M. Jean Bernard, ancien notaire à Lyon ? demanda Chapuis.

Mathilde, qui avait lu de nombreuses fois la lettre de mariage de Juliette, se rappelait ce prénom.

— Oui. Vous le connaissez, monsieur ?

— Si je le connais ! Évidemment que je le connais, M. Bernard vient d'être nommé administrateur des postes à Paris. Tout le monde le sait ici. Mais alors, ma petite, je ne peux pas prendre le risque de vous laisser faire ce voyage sans autorisation. Que dirait M. Bernard, s'il l'apprenait ? C'est que je tiens à ma place, moi !

— Laissez-moi cette chance, par pitié, mon bon monsieur, ma vie est entre vos mains ! Personne n'en saura jamais rien, supplia Mathilde.

— C'est d'accord, dit-il, restez là, je vais passer les consignes et je reviens tout vous expliquer.

Mathilde, soulagée, soupira. Il était 8 heures moins le quart. Elle pensait que les sœurs allaient maintenant s'apercevoir de sa fugue.

2

Des retrouvailles improbables

Janvier 1800

Le voyage entre Lyon et Paris dura quatre jours. Fatiguée, Mathilde arriva à destination, l'air misérable, vêtue de la même robe fripée et abîmée par endroits.

Elle s'empressa de récupérer sa malle, d'entrer dans la poste et de demander son chemin.

La rue du Mail était à deux pas. En continuant la rue du Louvre, Mathilde atteindrait la rue Montmartre et ce serait à gauche.

La jeune fille découvrait la capitale. Tous les cinquante pas, elle levait le nez pour s'assurer de conserver la bonne direction. Elle ne voyait que des immeubles, des hôtels particuliers, des maisons et encore des immeubles. Y avait-il deux fleuves à Paris, comme à Lyon ? Les rues étaient tantôt larges, tantôt étroites... Paris était une grande ville bruyante où elle se sentait perdue.

Sur les trottoirs, les passants marchaient vite, des femmes élégantes et des ménagères se pressaient dans les boutiques.

Mathilde s'arrêta un instant devant un magasin de nouveautés où il y avait foule. Les employés s'activaient, les bras encombrés de tissus de toutes les couleurs. « Quel fourmillement ! » pensa-t-elle. La jeune fille se sentait agitée. Elle aussi avait envie d'entrer, de découvrir le rayon des soieries et de voir si elle retrouvait celles de

Lyon, car, pour sûr, dans un établissement tel que celui-ci, il devait y en avoir !

Soudain, elle eut le cœur gros. Elle repensait, émue, à sa ville natale, à ses parents, à son couvent. Qu'avait-elle fait ? Venir seule ici, sans connaître personne, dans une ville aussi vaste et agitée que Paris. La gorge serrée, elle reprit sa malle et poursuivit sa route. L'heure n'était pas à s'apitoyer sur son sort, elle devait absolument trouver sa cousine. Pour la cinquième fois, la jeune fille demanda son chemin, mais elle y était enfin : rue du Mail. Au numéro 12 se dressait une jolie maison de deux étages avec un jardin.

Mathilde sonna, recula d'un pas et attendit que la porte s'ouvrît. Une grosse femme apparut. Repoussée par l'allure pitoyable de la jeune Lyonnaise, elle préféra garder ses distances tout en lui demandant ce qu'elle voulait.

La jeune fille répondit timidement :

— Je suis la cousine de Juliette Bernard, l'épouse de M. Récamier. J'arrive de Lyon pour la voir.

— De Lyon ? reprit la grosse femme. Mais Mme Récamier ne vit plus ici depuis deux années au moins ! Je suis désolée, je ne peux pas vous aider.

Alors que la femme refermait la porte, Mathilde la retint.

— Mais savez-vous où je peux la trouver ? dit-elle, la gorge nouée. Je ne connais pas cette grande ville. Je dois absolument être auprès d'elle d'ici ce soir.

La dame répondit fermement et sans amabilité :

— Non, je ne la connais pas. Maintenant, si vous le permettez, j'ai à faire.

Mathilde coinça son pied dans l'embrasure de la porte, ce qui irrita davantage la forte femme.

— Écoutez, comme je vous l'ai déjà dit, j'ai à faire et je vous demande maintenant de passer votre chemin. Je ne sais rien et ne puis rien pour vous.

— Mais, madame, il doit bien y avoir quelqu'un dans cette maison qui puisse me renseigner !

La porte se referma violemment. Mathilde, désespérée, recula, cherchant du regard une aide aux fenêtres. Elle patienta ainsi quelques minutes ; la grosse femme apparut à l'étage et d'un geste de la main lui fit signe de partir. Puis ce fut tout.

Épuisée, Mathilde ne tenait plus sur ses jambes. Elle chercha où s'asseoir pour réfléchir un peu. De l'autre côté de la rue, un petit renfoncement lui permettrait de se protéger tant bien que mal des courants d'air et du passage des carrioles. Elle s'y réfugia et s'écroula sur sa malle en cachant son visage dans ses mains. Là, elle éclata en sanglots.

À seize ans, elle avait toujours les traits d'une enfant. Son visage avait quelque chose d'angélique, sa peau était fine. Il y a encore quelques jours, c'était une jeune fille gâtée par sa famille et les religieuses du couvent, une adolescente insouciante, pleine de vie et de gaieté.

Le clocher de Notre-Dame-des-Victoires sonnait 4 heures de l'après-midi. Le soleil commençait à décliner, Mathilde grelottait et ses membres engourdis la faisaient souffrir. Qui pouvait lui venir en aide ? La pauvrette n'en avait pas la moindre idée.

Que faire ? Retourner à la poste, essayer de retrouver le dernier cocher qui l'avait déposée ? Tenter d'obtenir à nouveau des informations auprès de cette dame peu aimable ? Y avait-il quelqu'un d'autre dans cette demeure qui connaissait sa cousine Juliette et pouvait la renseigner ? Peut-être les voisins ?

Mathilde se releva avec courage, elle avait très froid, il fallait qu'elle bouge. Elle retraversa la chaussée et alla frapper à la porte de la maison suivante. Personne ne répondit. Elle décida donc de passer à celle d'à côté. « Je ferai la rue s'il le faut, mais je trouverai ce que je cherche, se dit-elle. Quelqu'un du voisinage doit bien savoir quelque chose ! » Une fois de plus, pas de réponse ; une autre fois, un signe négatif de la tête. Que ce soit du côté droit ou du côté gauche, Mathilde n'obtint rien.

Elle venait maintenant de dépasser le recoin où elle s'était réfugiée une heure plus tôt. Elle vit à nouveau la grosse femme qui, écartant le rideau du premier étage, cherchait à savoir ce qu'elle était devenue. Elle la fixait froidement.

Soudain, un fiacre s'arrêta au numéro 12. Un homme élégant en descendit. Il avait un pardessus sombre, un chapeau noir et tenait dans ses mains gantées une canne à pommeau sculpté. Il échangeait encore quelques mots avec le cocher lorsque Mathilde s'élança vers lui.

L'homme, surpris, fit quelques pas en arrière vers le porche et tapa à la porte avec sa canne pour se réfugier chez lui.

Mathilde arriva trop tard. Accablée, elle s'effondra sur le trottoir, face à l'entrée de cet hôtel où elle avait espéré trouver Juliette. Pliée sur elle-même, elle sentit de lourdes larmes réchauffer son visage. Le cocher était reparti. Elle était seule.

Elle commençait à prendre la mesure de la folie qui l'avait poussée à faire ce voyage et se rendait compte qu'elle aurait été bien plus en sécurité dans son couvent de la Déserte !

Puis elle leva la tête pour chercher son bagage. Où l'avait-elle laissé ? Elle ne savait plus. Son regard mouillé parcourait le trottoir d'en face... La malle, pourtant minable, avait disparu. Elle se recroquevilla et se remit à pleurer.

La forte femme écarta un des rideaux du rez-de-chaussée. Derrière elle apparut l'homme entré quelques minutes plus tôt. Ils observaient Mathilde, immobile, devant la porte et discutaient entre eux quand soudain il se mit à gesticuler.

La porte d'entrée s'ouvrit, l'homme sortit et se précipita sur Mathilde, couchée face contre sol. La femme les rejoignit, s'agitant autour d'eux. Puis elle courut afin de leur tenir la porte, tandis que l'homme entrait avec Mathilde dans ses bras. Il traversa le hall pour arriver dans un petit salon où il allongea la jeune fille sur une méridienne en bois d'acajou. Le dossier était recouvert d'un velours rouge sombre. La domestique, trottinant de-ci de-là, finit par se rendre utile en ôtant le manteau souillé de Mathilde et en la couvrant d'un édredon de plumes. L'homme dégrafa deux boutons de son corsage et ordonna qu'on lui apporte un flacon de sels ainsi qu'un linge humide. La jeune fille reprenait peu à peu ses esprits.

— Comment vous sentez-vous, mademoiselle ? questionna-t-il.

Mathilde ouvrit les yeux avec une extrême lassitude.

— Comment vous sentez-vous ? reprit-il tandis que les paupières de la jeune fille se refermaient à nouveau. Maryse, je vous ai demandé le flacon de sels ! cria-t-il.

La grosse femme revint en se dandinant. Mathilde rouvrit les yeux et aperçut, penché sur elle, un homme brun aux traits gracieux. Il lui souriait.

— On m'a dit que vous étiez la cousine de Juliette Récamier, est-ce donc vrai ? demanda-t-il d'une voix douce.

En prononçant ces mots, il passait délicatement un linge imbibé d'eau parfumée sur son front.

— Oui, monsieur, balbutia-t-elle.

— Je m'appelle Jacques Cellier, je la connais bien et, si vous le permettez, ce sera un plaisir de la prévenir de votre présence chez moi.

— Merci, monsieur, murmura Mathilde, à demi consciente.

Libérée de ses angoisses, elle s'abandonna et perdit connaissance.

3

Une vie nouvelle pour un nouveau siècle

Janvier 1800

Mathilde se réveilla dans un grand lit. Les draps de lin sentaient bon le propre et de gros édredons enveloppaient son corps.

Il ne lui restait que quelques vagues souvenirs de la journée précédente. Elle se rappelait avoir cherché sa cousine, mais le reste était confus. L'avait-elle retrouvée ? Que faisait-elle dans cette chambre ? Elle se rendait compte qu'elle était au chaud, dans un lieu inconnu, et qu'elle portait une belle chemise de nuit blanche. Une femme de chambre entra, sourit à Mathilde et repartit immédiatement en refermant la porte sur elle.

Quelques secondes plus tard, quelqu'un frappa. Une superbe femme rentra, s'approcha et l'embrassa chaleureusement. C'était Juliette Récamier.

— Mathilde, ma chère petite cousine, comment allez-vous ? Ma tante nous a écrit votre malheur. Je suis donc au courant, mais j'ignorais tout de votre venue ici. Comment s'est passée la nuit ? Avez-vous bien dormi au moins ?

— J'ai passé une très bonne nuit et je vous remercie du fond du cœur pour votre hospitalité.

En prononçant ces mots, Mathilde fondit en larmes. Juliette la serra dans ses bras. Elles restèrent ainsi un long moment. La jeune orpheline se laissa aller à ses émotions. Juliette trouva les mots pour la réconforter et lui murmura à l'oreille :

— Ma tendre Mathilde, vous n'avez rien à craindre ici. Vous allez vous reposer et, quand vous vous sentirez mieux, nous reparlerons de tout cela. Rien ne presse... Nous sommes heureux de vous accueillir chez nous. Vous trouverez là une tunique et un grand châle de laine que je vous ai fait apporter. Quand vous le souhaiterez, vous pourrez me rejoindre, je serai dans le petit salon. Il faudra manger pour retrouver des forces.

Mathilde fit un brin de toilette, enfila la tunique et descendit l'escalier pour rejoindre le salon du premier étage.

Sa cousine était gracieusement allongée sur un lit de repos. Elle était vêtue d'une robe blanche du matin et d'un châle de laine jaune pâle.

— Merci, merci encore, Juliette, pour cette si belle tenue. La malle qui contenait mes quelques affaires a été dérobée rue du Mail et je n'avais plus rien... Ma robe de deuil est en haillons. Vous m'avez rendu ma dignité, car hier encore je n'étais qu'une mendiante qui grelottait dans la rue.

Mathilde prit place sur l'une des bergères. Juliette lui fit servir un copieux repas du matin. Le valet, Basile, apporta des tartines de confiture et du lait chaud sur un plateau d'argent.

La jeune fille éprouva le besoin de raconter dans le détail ses épreuves. Elle commença par la vente de la fabrique, la première crise immobilière et la faillite. Elle finit par le suicide de son père et la mort terrible de sa mère. Sa voix était nouée, mais elle retrouvait peu à peu cette assurance qui l'avait décidée, quelques jours plus tôt, à prendre sa destinée en main.

Juliette l'écoutait et lui témoignait de temps à autre son réconfort. Elle se souvenait avoir vu Mathilde enfant à Lyon. Elle lui avait offert une de ses poupées. Elle se remémorait bien aussi Louise, sa mère, qu'elle avait trouvée intelligente et raffinée. C'était une femme très aimante qui formait avec sa fille un duo tendre et complice.

Mathilde redoutait le jugement de sa cousine. Comment percevait-elle sa fugue ? Que pensait-elle de son choix de venir vivre à Paris ? Autant d'interrogations qui la tenaillaient.

— Si vous saviez, Juliette, comme ces dernières semaines ont été terribles pour moi ! Après ces affreuses nouvelles, dans mon couvent de la Déserte, j'ai vu ma vie s'effondrer... J'étais une orpheline ruinée dont le seul avenir était de devenir religieuse.

— Je comprends, ma petite, répondit Juliette avec beaucoup de douceur. Demain, j'informerai le couvent de votre situation. J'écrirai à la mère supérieure, qui doit être très inquiète, car nous ne pouvons la laisser sans nouvelles.

La jeune fille réalisait la chance inouïe d'être tombée en de si bonnes mains. À vingt-trois ans, Juliette Récamier était déjà célèbre tant pour sa beauté que pour sa vertu. Ses nombreux admirateurs louaient la perfection de son visage : de longs cils ajoutaient une ganse de velours à son regard, son nez était régulier et une petite bouche écarlate illuminait son teint clair. Des boucles châtains encadraient son visage et ondulaient sur sa taille lorsqu'elle les détachait. Les proportions parfaites de son corps, sa taille fine, ses épaules délicates et ses jambes élancées lui donnaient une élégance naturelle.

Juliette Récamier était également admirée pour sa vivacité d'esprit et son sens de l'à-propos. Intelligente, elle savait par de justes remarques dire ce qu'elle pensait.

Les deux cousines se ressemblaient. On aurait pu les prendre pour des sœurs tant leurs traits et leur allure étaient proches.

Sous le charme, Mathilde reconnaissait celle qu'on lui avait décrite au couvent de la Déserte. Elle reprenait espoir, convaincue du bon choix qu'elle avait fait de venir la retrouver.

La jeune fille ne connaissait pas encore le maître de la maison, M. Récamier, qui l'avait pourtant portée, inconsciente, jusqu'à sa chambre la veille au soir.

Jacques-Rose Récamier était lyonnais lui aussi. Il avait quarante-neuf ans. Sept ans plus tôt, il avait épousé la jeune Juliette, âgée alors de seize ans. Attentionné comme un père, il avait toujours choyé sa jeune épouse, lui offrant tout ce qu'elle désirait.

Ses affaires prospères faisaient de lui l'un des hommes les plus riches de la ville de Paris. Influent, il comptait parmi ses clients des personnages importants tels que Jacques Necker[1], l'ancien ministre des Finances de Louis XVI, et sa fille, Germaine de Staël, devenue écrivain.

Jacques-Rose avait débuté comme voyageur de commerce pour son père qui avait fondé une maison de chapellerie à Lyon. C'était un homme instruit, latiniste, il parlait aussi couramment l'espagnol. Il était chargé des relations avec l'Espagne, l'une des principales sources de revenus de l'établissement. D'un naturel optimiste et gai, il plaisait aux clients et se révéla fin stratège. En tant que cadet de la fratrie, il n'hérita pas l'entreprise mais se lança dans une activité de banquier. Il fit quelques placements judicieux, toujours en relation avec l'Espagne, et sa fortune crût progressivement pour devenir considérable.

Mathilde observait avec attention le salon dans lequel elle se trouvait. C'était une grande pièce située au premier étage de l'hôtel particulier ; très claire, elle donnait sur le jardin. La couleur blanc crème des murs en renforçait la luminosité. Le mobilier des Récamier était d'un style nouveau, la jeune fille n'avait rien vu de tel à Lyon. Les lignes rappelaient les meubles antiques très à la mode en ce début de siècle. Les ébénistes Jacob Frères, artisans renommés, les avaient conçus. Il y avait là un lit de repos, des bergères, des fauteuils, des chaises, le tout disposé en cercle autour d'un joli guéridon central en bois d'acajou[2]. L'œil de Mathilde fut attiré par les dossiers latéraux du lit, incurvés aux extrémités et ornés de mufles de lion en bois patiné.

Les deux jeunes femmes continuaient leur discussion. La veille au soir, Jacques-Rose Récamier s'était déclaré prêt à garder Mathilde auprès d'eux, à s'occuper d'elle comme il l'aurait fait pour leur propre enfant si tel était le désir de Juliette.

Depuis le début de la matinée, Mme Récamier avait pu se faire une idée de sa jeune cousine. Aussi, sans brûler les étapes, elle décida de lui annoncer cette nouvelle réconfortante. Mathilde fondit en larmes

1. Jacques Necker est né en 1732 à Coppet, en Suisse. Il fut banquier puis ministre des Finances sous Louis XVI. À ce titre, il modernisa l'organisation économique du royaume.

2. Le mobilier du petit salon réalisé par Jacob Frères est très représentatif du mobilier du début du XIXe siècle. Il est aujourd'hui exposé au Louvre.

encore une fois. Juliette la prit dans ses bras, la serra fort et, après une minute silencieuse, engagea à nouveau la conversation pour détendre l'atmosphère :

— Je vous propose, Mathilde, de m'accompagner demain après-midi chez ma grande amie Mme de Staël. Tous les jeudis, elle ouvre les portes de son salon à bien des personnes passionnées et passionnantes.

— Mme de Staël ! Mais je connais un de ses livres, ses *Lettres sur Rousseau* ! s'exclama Mathilde.

Elle les avait découvertes grâce à sa mère, avec qui elle avait partagé bien des lectures.

— Je vous félicite d'avoir lu si jeune un tel ouvrage ! Vous apprécierez Germaine dès que vous la rencontrerez et, comme moi, vous serez émerveillée par cette femme de talent. Je l'admire énormément, même si, au début, elle m'intimidait beaucoup.

— La connaissez-vous depuis longtemps ? s'enquit Mathilde.

— Deux ans seulement, mais j'ai le sentiment d'être amie avec elle depuis toujours ! Je l'ai rencontrée lorsque mon mari a acheté notre hôtel particulier à son père, M. Necker. Le jour de la vente, pendant les discussions financières, nous nous sommes écartées dans une pièce voisine pour faire connaissance. Rapidement, Germaine a su mener la conversation et me mettre à l'aise, alors qu'elle aurait pu m'effrayer avec son immense savoir ! Depuis, nous ne pouvons plus nous passer l'une de l'autre. C'est elle qui m'a encouragée à ouvrir mon salon. Ici, tous les mardis, j'invite mes plus chers amis parisiens. Nous discutons de tout ce qui se passe dans le monde et dans tous les domaines. M. Récamier s'amuse à dire que je suis l'une des personnes les mieux informées de Paris ! Si vous le souhaitez, je vous aiderai à bien connaître ces personnes et à savoir comment se comporter lors de ces réunions.

— Je vous en serais extrêmement reconnaissante ! répondit Mathilde, heureuse de cette proposition. Pourriez-vous dès à présent me raconter ?

— Êtes-vous sûre, Mathilde ? Ne préféreriez-vous pas aller vous reposer dans votre chambre ?

Mathilde baissa les yeux et avoua ne pas souhaiter rester seule, de peur de trop penser.

— Vous allez rencontrer beaucoup de personnalités... Ainsi, pour vous éviter d'être perdue, je vais jouer pour vous le rôle que Mme de Staël a tenu pour moi à l'époque. Elle m'a appris tout ce que je devais savoir sur nos amis.

Mathilde était heureuse d'avoir un professeur aussi habile que Juliette.

— Ces personnes sont charmantes, expliqua-t-elle, mais il vous faudra toujours être prudente. Nos amis sont des personnages importants, qui connaissent énormément de monde, des passionnés, des artistes, des intellectuels, des diplomates ou des militaires. Compte tenu de votre jeune âge, je vous engage à écouter plutôt que parler trop, surtout dans un premier temps. Ce conseil est toujours valable pour moi, car je suis encore bien novice face à eux. Vous vous en apercevrez, ils aiment parler d'eux. Alors écoutez, soyez polie et dévouée.

— Quand je vous entends, tout paraît si simple ! Je vous promets d'essayer.

Depuis ce début de matinée, les deux cousines se découvraient avec plaisir. La vie que menait Juliette était la destinée dont rêvait la jeune fille. C'était aussi celle que Louise aurait aimé offrir à son unique enfant. Mathilde le savait, elles en avaient tant parlé ensemble lors de leurs après-midi complices. Juliette, habituée à côtoyer un grand nombre de personnes, avait le jugement prompt et pouvait discerner les qualités de Mathilde. Elle envisageait son avenir avec optimisme.

Impatiente, la jeune fille encouragea Mme Récamier à poursuivre :

— Juliette, dites-moi encore, racontez-moi votre monde !

— Je ne sais par où commencer...

— Par Bonaparte, par Bonaparte ! s'écria Mathilde qui trépignait, assise dans son fauteuil. Le connaissez-vous ? L'aimez-vous ? Comment est-il, quel âge a-t-il ? Quelles dispositions avez-vous pour lui ? Est-il beau ?

Juliette s'amusa des questions de sa cousine. La jeune fille s'autorisait des audaces concernant les personnes de l'autre sexe qu'elle n'aurait jamais osé manifester au couvent.

Juliette expliqua, en souriant, que le Premier consul était déjà une légende et qu'il était au centre de toutes les discussions de salon.

— Voyez-vous, Mathilde, son apparence physique n'est pas son meilleur atout. Il est plutôt mince, de taille moyenne, avec une forte nuque aussi large que haute et qui supporte une tête carrée, volumineuse. Il a une belle bouche bien dessinée, mais a de fort vilaines dents qui l'amènent à ne jamais sourire. Le bleu de ses yeux accentue l'intensité de son regard, toujours vif et terrible lorsqu'il se veut désapprobateur. Ses toilettes ne sont pas mondaines, il est toujours vêtu d'une redingote et il a une manière très particulière de coiffer son bicorne. Il le porte *en bataille*, c'est-à-dire, les ailes parallèles à ses épaules, tandis que les officiers le portent habituellement *en colonne*. Ainsi, tout le monde le reconnaît immédiatement !

Juliette continuait sa description :

— Ce qui est extraordinaire chez cet homme, c'est qu'à trente ans il est déjà un monument à lui tout seul ! Où qu'il se trouve, il capte l'attention. L'enthousiasme qu'il génère chez ceux qui le côtoient est sans doute dû à sa jeune renommée. L'éclat de son génie a déjà rendu tant de services à la France !

Mathilde fixait sa cousine avec fascination.

— Et curieusement, malgré son ambition, mes amis affirment qu'il possède une vraie simplicité, même s'il inquiète et exalte à la fois tous ceux qui l'approchent ! L'attrait qu'il exerce sur les autres est indiscutable... Cela m'a d'ailleurs joué un mauvais tour, l'unique fois où je l'ai vu.

— Pourquoi donc ?

— Pauvre de moi ! Sachez que je ne m'en vante pas, car ce jour-là je me suis ridiculisée.

— Ridiculisée, vous ? Vous m'inquiétez !

— Une mésaventure qui n'a rien de grave, je vous rassure. J'en suis encore toute gênée. J'ai toujours évité d'en parler, mais je vais vous raconter. Pour décrire mon embarras, expliqua Juliette, je vais d'abord tenter de recréer l'atmosphère qui régnait ce jour-là.

Elle but une gorgée d'eau avant de commencer son récit :

— Il y a presque trois ans, Napoléon Bonaparte fut le grand vainqueur de la campagne d'Italie. Pour le féliciter et l'honorer, le Directoire organisa un événement exceptionnel dans la grande cour du palais du Luxembourg[1]. Personne ne manquait : les directeurs, les ministres, les ambassadeurs et tout ce que Paris comptait de

1. L'actuel Sénat.

personnes illustres. Par chance, avec ma mère, nous avions réussi à avoir deux places. Tout ce monde débordait des fenêtres du palais et pas une place n'était restée vide sur les banquettes. M. de Talleyrand, le ministre des Relations extérieures, avait prononcé un discours éclatant, comme il aime en faire, dans lequel il rappelait le rôle important de Napoléon Bonaparte, et en quoi il avait été si remarquable et utile à la France.

— Pourquoi, pourquoi ? interrogea Mathilde qui voulait tout comprendre.

— C'est que, à la suite de la campagne d'Italie, le Premier consul, qui n'était alors que le général de l'armée d'Italie, s'est comporté en chef de la diplomatie française ! Imaginez cela, Mathilde, il a engagé la responsabilité de la France, sans l'autorisation du Directoire, qu'il jugeait trop éloigné, médiocre et pas assez prompt à réagir ! De son propre chef, il a négocié et signé au nom de la République française le traité de Campo-Formio[1]. Ainsi, il a mis fin à la guerre contre l'Autriche, tout en gagnant aussi un énorme territoire pour notre pays : de la rive gauche du Rhin jusqu'à la mer du Nord. Vous rendez-vous compte de cette audace à seulement vingt-huit ans !

Mathilde était subjuguée par ce qu'elle entendait. Si jeune, Napoléon Bonaparte avait déjà accompli une œuvre dont les suites pour la France seraient inestimables. Il avait pris un risque dont seule une personnalité hors du commun était capable. Quelle hardiesse, quel héros !

— Excusez-moi de vous avoir interrompue, Juliette, mais vous ne m'avez pas dit ce qui vous a embarrassée ce jour-là.

— J'y viens ! M. de Talleyrand exposait donc les mérites de Napoléon Bonaparte, qui se trouvait debout sur sa droite. Imaginez, Mathilde, il était là, à quelques mètres de moi, mais masqué par un décor, je ne le voyais pas. Quelle frustration ! J'ai donc tenté de me lever pour l'apercevoir, à l'instant même où un silence incroyable régnait dans cette salle immense. Pas une main, pas une tête, rien ni personne ne bougeait. Et là, quelle maladresse ! J'ai perdu l'équilibre et me suis écrasée de tout mon long. Le vacarme fut énorme. Tout le monde se retourna. Jamais je ne me suis sentie aussi ridicule.

1. Le 17 octobre 1797.

Bonaparte, lui-même très incommodé, me lança un regard noir. Pauvre de moi, je me rassis très vite, mais je n'oublierai jamais ces quelques secondes qui me semblèrent une éternité[1].

Mathilde retint son souffle.

— Quel embarras ! Je n'ai pas revu Napoléon Bonaparte depuis. Je n'ose penser à notre prochaine entrevue, j'en éprouverai une telle gêne que j'en tremble d'avance. On dit que cet homme n'oublie rien... J'ai entre-temps rencontré certains de ses frères et sœurs[2] : Mme Baciocchi[3], Caroline[4], ainsi que Joseph et Lucien.

— Vous connaissez donc les Bonaparte ? s'émerveilla Mathilde.

— Ne vous enflammez pas, ma petite ! Ce monde est dangereux pour qui ne sait le maîtriser.

Sur ces mots, le majordome entra pour annoncer la baronne de Staël.

— Quelle bonne idée avez-vous eue de venir, chère Germaine ! s'exclama Juliette lorsque celle-ci entra dans le petit salon.

Mme Récamier présenta Mathilde à la baronne et raconta brièvement la situation de sa malheureuse cousine.

— C'est une chance que vous soyez là, vous allez pouvoir prendre part à notre conversation, s'enthousiasma Juliette. J'explique à Mathilde la vie de salon, car je souhaiterais qu'elle m'accompagne chez vous demain après-midi. Je lui décris notre monde et nos amis afin qu'elle ne soit pas trop perdue !

Mathilde regarda Mme de Staël avec admiration et demanda :

— Connaissez-vous bien les Bonaparte ?

— Évidemment ! Mais votre cousine connaît mieux Lucien que moi, s'amusa Germaine de Staël. C'est d'elle qu'il est amoureux, pas de moi ! Comment progressent les talents d'écriture de notre jeune Roméo ? Recevez-vous, chère Juliette, toujours autant de missives passionnées de notre ministre de l'Intérieur ?

---

1. Description issue de la scène racontée dans Juliette Récamier, *Souvenirs et correspondances tirés des papiers de Madame Récamier*, tome 1, deuxième édition, Paris, Michel Levy Frères, 1860, p. 20.

2. Les Bonaparte étaient sept frères et sœurs : Joseph, Napoléon, Lucien, Élisa, Louis, Pauline, Caroline et Jérôme, le plus jeune.

3. Élisa est l'aînée des sœurs de Napoléon Bonaparte.

4. Princesse Caroline, qui deviendra Mme Murat.

Juliette en rougit, ce qui surprit Mathilde. Elle aurait souhaité plus de discrétion de la part de la baronne.

— Malheureusement, oui, avoua Juliette, mais il n'utilise plus ce ridicule nom d'emprunt de Roméo. Il signe ouvertement « Lucien ».

Mathilde était interloquée.

— Pauvre petite, vous avez besoin de quelques éclaircissements, répondit Germaine de Staël qui ne s'embarrassait d'aucun sujet. Depuis quelques mois, Lucien Bonaparte, notre ministre de l'Intérieur, bien que marié, est tombé éperdument amoureux de votre cousine et joue les Roméo. Notre vertueuse Juliette a un comportement exemplaire, mais Lucien crie son amour partout, si bien que sa cour le flatte d'avoir obtenu les faveurs de la plus belle femme d'Europe !

— Ce qui est faux, évidemment ! intervint Juliette.

— Mais ma cousine, ne pouvez-vous pas rétablir la vérité ? s'inquiéta Mathilde.

— Les choses ne sont pas si simples. La fougue de Lucien me met dans une situation embarrassante.

— En effet, Lucien est ridicule et ne s'en doute même pas ! s'amusa Mme de Staël.

— En particulier depuis que ses déclarations sont devenues publiques. Je ne sais comment le modérer ni quelle attitude adopter. Fort heureusement, M. Récamier est assuré de ma loyauté. Il m'a conseillé de ménager Lucien Bonaparte, car c'est indispensable pour ses affaires.

— C'est une situation d'autant plus compliquée que votre soupirant est un homme puissant et hautain, ajouta Mme de Staël. Sa passion pour Juliette est dans toutes les conversations. J'en plaisante avec votre cousine, mais croyez bien que je prends la chose très au sérieux.

— Et pourquoi parlez-vous de « Roméo » ? interrogea Mathilde.

— Lucien n'a rien trouvé de mieux que d'être le Roméo de Juliette. Il faut avoir bien peu d'esprit pour choisir un tel nom d'emprunt ! railla Mme de Staël. D'ailleurs, Juliette, serez-vous présente au souper donné par notre ministre de l'Intérieur en l'honneur du Premier consul ?

— M. Récamier le souhaite absolument. Il affirme que c'est important pour l'avenir de sa maison de banque, justifia Juliette. Il aurait été plus aisé de décliner cette invitation afin de ne laisser place à aucune ambiguïté.

— Si vous souhaitez que Mathilde soit des nôtres à cette soirée, j'en parlerai à Mme Baciocchi bientôt au *Théâtre-Français*[1], proposa la baronne. Je suis sûre qu'une si jolie personne sera conviée avec plaisir.

— N'est-ce pas trop tôt ? demanda Juliette.

— Mathilde a beaucoup d'esprit, croyez-moi, elle a sa place à ce souper !

Juliette expliqua que M. Récamier devait donner son accord. Elle informerait Mme de Staël de cette décision le lendemain en début de matinée, en lui faisant porter un billet.

1. La *Comédie-Française*, ou *Théâtre-Français*, a été fondée en 1680 et se trouve depuis 1799 au cœur du Palais-Royal, rue Richelieu.

4

Un code de lois simples

Janvier 1800

Dans la calèche qui les conduisait chez Mme de Staël, Juliette continuait à informer Mathilde sur la vie des salons[1] parisiens.

Les salons, expliquait Mme Récamier, avaient lieu, chaque semaine à la même heure, chez une femme influente qui invitait d'illustres personnes de la vie parisienne. Les sujets les plus divers étaient abordés. On y parlait lecture, art, science, littérature, politique...

Celui de la baronne de Staël était l'un des plus réputés. Elle avait hérité du salon de sa mère, Mme Necker, qui se tenait déjà sous l'Ancien Régime.

Âgée de trente-deux ans, Germaine était une femme passionnée. Intelligente et cultivée, cet écrivain de talent osait tout, en particulier dire ce qu'elle pensait. Une telle franchise ne plaisait pas à tout le monde. Ses conversations étaient surveillées par Bonaparte, d'autant plus qu'elle était la maîtresse de Benjamin Constant, l'un

1. Le terme de « salon » est employé pour la première fois dans *Corinne*, de Mme de Staël, publié en 1807. Il définit ce que nous nommons communément les « salons littéraires » ou « salons de conversation » de l'époque. La duchesse Laure Junot d'Abrantès utilise également ce terme dans ses mémoires.

de ses plus farouches opposants. La compagnie de Mme de Staël était donc aussi recherchée que risquée.

Pour sa première participation, Mathilde fut éblouie par ce qu'elle découvrait. À peine arrivée, un homme, M. de Cambacérès, attira son regard. Second consul, il était le personnage le plus puissant de l'État après Bonaparte. Parmi ses tâches, il coordonnait les rédacteurs du Code civil.

L'objectif d'un tel code était de rassembler au sein d'un même recueil toutes les lois utiles aux juges pour définir les droits des citoyens et leurs relations entre eux. Il devait aider les Français à mieux vivre dans une communauté organisée en définissant par exemple qui était le chef de famille, comment se pratiquaient les mariages, les divorces, les responsabilités concernant la garde des enfants ou encore la transmission des héritages...

Le second consul était rarement dans les salons, tant il était occupé par les affaires de l'État. Si Bonaparte inventait et ordonnait, Cambacérès construisait et structurait. Il travaillait énormément, mais anticipait le bénéfice qu'il pouvait tirer de ces invitations mondaines : présenter de manière informelle ses activités à toutes les personnalités influentes de Paris. Les réformes à venir n'en seraient que mieux acceptées.

Il expliquait donc ce jour-là, chez Mme de Staël, combien il était important que soit défini un ensemble de règles communes à toutes les provinces françaises.

— En matière de jurisprudence civile, deux France cohabitent. Il existe une France de droit écrit, issu du droit romain, en Alsace et dans le Sud, et une autre de droit oral qui est un droit coutumier variant d'une région à l'autre, exposait Cambacérès. Aujourd'hui, le bon fonctionnement du pays exige l'unité des textes. Nous devons faire en sorte que, dans notre pays, les lois soient les mêmes pour tous : celles qui encadrent les citoyens français eux-mêmes, leur famille et leurs relations. La rédaction se base sur la Coutume de Paris[1], car ce sont celles qui sont les plus complètes, nous reprenons

1. La Coutume de Paris est le recueil des lois civiles de la ville de Paris étendu à ses provinces d'Île-de-France, rédigées en 1510 à la demande de Louis XII (*Séances et travaux de l'Académie des sciences morales et politiques*, volume 62, « Compte rendu », Paris, Auguste Durand Libraire, p. 35).

beaucoup d'articles que nous enrichissons. Au Code civil succéderont plus tard le Code pénal, le Code de l'instruction juridique, le Code du commerce... Autant de travaux harassants mais passionnants !

— Mais quels en sont les principes ? demanda Germaine de Staël avec assurance, ne craignant jamais d'interroger un homme puissant.

Cambacérès sourit et prit le temps de réfléchir. Il voulait sa réponse simple et percutante, afin que, le soir venu, ses propos soient relayés auprès de l'entourage de chacun des invités.

— Je voudrais, chère madame, vous répondre aussi sincèrement que possible pour que vous approuviez la logique de notre travail. En premier lieu, nous avons souhaité maintenir une unité complète dans la législation. Platon ne disait-il pas : « La vérité est une et indivisible » ? Il est essentiel que les lois soient identiques pour tous et dans tout le pays. Si quelqu'un vole une vache, qu'il soit un bourgeois ou un paysan, qu'il vive dans le Nord ou dans le Sud, il doit être puni de la même façon. Ensuite, nous avons voulu que les lois restent au plus près du droit naturel, car les lois de la nature sont supérieures aux autres. Enfin, nous avons souhaité ces lois simples. « Peu de lois suffisent à des hommes honnêtes ; il n'en est jamais assez pour les méchants ; et lorsque la science des lois devient un dédale où le plus habile se perd, le méchant triomphe avec les armes mêmes de la justice[1]. »

Cette réponse de Jean-Jacques Régis de Cambacérès suscita un enthousiasme général qui se manifesta par quelques applaudissements.

Mathilde avait choisi une place en retrait afin de se faire discrète et de ne pas se trouver prise à partie sur un sujet qu'elle ne comprendrait pas. Subjuguée par cet homme, son aisance, la clarté de ses idées, elle aurait aimé lui poser des dizaines de questions, mais, intimidée, elle se tut.

Tandis que le second consul continuait à répondre aux interrogations des invités, Juliette s'approcha de Mathilde pour voir si tout allait bien. Elle en profita pour lui donner quelques indications supplémentaires :

1. Pierre-Antoine Fenet, *Recueil complet des travaux préparatoires du Code civil*, tome 1, Paris, Videcoq Libraire, 1836, p. 2.

— M. de Cambacérès est le second personnage de l'État, ce qui lui donne un rôle important. Napoléon Bonaparte le charge d'assurer l'intérim du pouvoir lorsqu'il quitte Paris. Les deux hommes sont proches et son second consul lui est précieux. C'est un travailleur acharné, droit et loyal, doué d'une grande expérience juridique et financière. Il était ministre de la Justice sous le Directoire, avant le coup d'État du 18 brumaire[1]. Dans le cadre de ses fonctions, Jacques-Rose le rencontre régulièrement, ils collaborent sur un projet de banque. Ils s'apprécient beaucoup.

— Y a-t-il parmi vos relations beaucoup d'autres personnes qui ont pris part à ce coup d'État ? demanda Mathilde.

— Plusieurs. Je ne pourrais toutes les citer ici. Mais il y avait en particulier Lucien Bonaparte, qui était alors le président du Conseil des Cinq-Cents[2], M. de Talleyrand, qui a ainsi conservé son poste de ministre des Relations extérieures. C'est un grand ami de Mme de Staël. Il est au fond du second salon, vous pouvez le reconnaître à sa claudication. Puis Joachim Murat a également joué un rôle fort important. Il deviendra, la semaine prochaine, le beau-frère du Premier consul en épousant Caroline[3], sa plus jeune sœur. Je pourrais vous nommer aussi nombre de généraux, amis de Bonaparte : Moreau, Desaix, Lannes, Junot, Duroc… Et j'en oublie sûrement ! Vous les rencontrerez, ils me rendent souvent visite.

Juliette s'interrompit et pressa l'avant-bras de sa cousine pour attirer son attention.

— Là, celui qui passe devant nous, absorbé par ses pensées, c'est Jean-Baptiste Bernadotte. Il était ministre de la Guerre sous le Directoire. Il a démissionné juste avant le coup d'État. Sans connaître ses raisons, je sais qu'il n'y était pas favorable. Depuis, il se tient à l'écart, mais comme il a épousé Désirée Clary, l'ancienne fiancée de Napoléon, il est toujours considéré par le Premier consul.

1. 9 novembre 1799.
2. Entré en vigueur le 23 septembre 1795, le Conseil des Cinq-Cents est l'une des deux assemblées législatives françaises. La seconde était le Conseil des Anciens.
3. Mariage célébré le 18 janvier 1800. Le couple emménage aux Tuileries. Ce mariage fait de Murat le beau-frère de Napoléon.

— Fiancée ? Mais je ne savais pas qu'il avait été fiancé à une autre avant de se marier avec Joséphine !

— C'est un peu compliqué. Je vous expliquerai tout à l'heure sur le chemin du retour, nous serons plus à l'aise pour parler librement !

Elle poursuivit :

— Regardez, M. de Talleyrand vient de s'approcher de trois hommes qui se tiennent debout sur votre droite. C'est ici le monde de la science. Celui qui a une main dans la poche de son gilet et qui est fort bel homme, c'est Gaspard Monge, l'un des plus grands mathématiciens de notre temps. Il a étudié dans notre bonne ville de Lyon. Proche de Robespierre, il a pris une part très active à la Révolution. Il a fait les campagnes d'Italie et d'Égypte avec Bonaparte. Ils sont depuis des intimes... Mais je ne vous en dis pas plus, car ces hommes aiment parler d'eux et vous leur serez présentée très rapidement. L'autre, celui qui tient sa montre dans la main droite, est le chimiste Berthollet. Il est l'inventeur d'une eau aux propriétés particulières qui blanchit les tissus. Il la fabrique dans ses usines de Javel.

Mathilde sourit des propos de Juliette qui l'encourageait toujours à en découvrir davantage.

— Il y a un troisième homme avec eux, qui est-il ? interrogea Mathilde.

— Rien ne vous échappe ! s'amusa Juliette. C'est Pierre-Simon Laplace, mathématicien, astronome et physicien. Avant d'être nommé sénateur, il a été ministre de l'Intérieur pendant à peine trois mois, Lucien l'a remplacé.

— Un astronome, ministre de l'Intérieur ? Vous me surprenez ! Et pourquoi si brièvement ?

— Bonaparte est très respectueux des savants, il n'hésite pas à leur demander de mettre leur intelligence au service de l'État. Mais celui-ci n'a pas fait l'affaire ! ajouta Juliette.

Napoléon avait connu Laplace très jeune puisqu'il lui avait fait passer son examen de mathématiques à la sortie de l'École militaire.

Membre de l'Académie des sciences à l'âge de vingt-quatre ans, Laplace s'intéressait au système solaire et compléta le travail de

Newton[1]. Il développa également les calculs des probabilités, en découvrant les probabilités inverses[2], et publia le premier la valeur de l'intégrale de Gauss.

Mais le passage de cet éminent scientifique au ministère de l'Intérieur fut un échec. Napoléon lui demanda de démissionner et commenta ensuite ainsi son passage en politique : « Géomètre de premier rang, Laplace ne tarda pas à se montrer administrateur plus que médiocre ; dès son premier travail, nous reconnûmes que nous nous étions trompés. Laplace ne saisissait aucune question sous son vrai point de vue ; il cherchait des subtilités partout, n'avait que des idées problématiques, et portait enfin l'esprit des infiniment petits dans l'administration[3]. »

— Pour ce qui est des mathématiques, de la physique ou de l'astronomie, ma chère amie, je ne puis vous être d'un grand secours, reprit Juliette. Je n'y entends rien et j'aurais…

Elle s'interrompit lorsqu'elle aperçut Talleyrand qui les observait. Il avait compris que les jeunes femmes parlaient d'eux. Il s'avança vers elles, entraînant Monge, Laplace et Berthollet. Ces derniers saluèrent Mme Récamier et se tournèrent vers Mathilde, qui avait du mal à contenir son émotion.

— Je vous présente ma jeune cousine, qui vient d'arriver de Lyon et qui va désormais vivre parmi nous.

— Une jeune Lyonnaise à Paris ! Lyon, comme j'aime cette ville ! s'exclama Monge. Elle me rappelle ma jeunesse.

Et il prit Mathilde par le bras. Celle-ci chercha Juliette du regard. À son sourire, elle comprit qu'elle pouvait suivre le mathématicien.

— Quelle audace ! s'exclama Laplace qui regrettait de ne pas avoir eu cette idée le premier.

À son tour, Talleyrand enleva Juliette, laissant l'astronome et le chimiste pantois.

---

1. Isaac Newton fut un mathématicien, physicien, astronome et philosophe anglais du XVIIe siècle. Son travail le plus connu est sa théorie sur la gravitation universelle.

2. En 1774, soit une quinzaine d'années après Thomas Bayes, Laplace redécouvrit les probabilités inverses. Bayes, mort en 1761, ne put en être témoin, mais leurs travaux respectifs donnèrent naissance à la loi dite « loi de Bayes-Laplace ».

3. Alexis-François Artaud de Montor, *Encyclopédie des gens du monde*, volume 16, Paris, Librairie de Treuttel et Würtz, 1842, p. 204.

— Vous ne me l'auriez pas dit, j'aurais, sans aucun doute, deviné que cette belle personne était votre cousine. Elle aurait pu tout autant être votre sœur, murmura Talleyrand à l'oreille de Juliette. Si elle possède également vos talents, je gage qu'elle en séduira plus d'un !

— Elle est arrivée il y a à peine deux jours, répondit Juliette.

— C'est bien ce que je disais, à peine deux jours et la voilà déjà au bras d'un génie des mathématiques.

Juliette, amusée, sourit, et Talleyrand reprit :

— Comment allez-vous ? Même si notre dernière rencontre est très récente, je suis toujours impatient d'avoir de vos nouvelles.

— Tout va fort bien. M. Récamier travaille beaucoup à la création d'une banque de pays que souhaite Napoléon Bonaparte.

— Oui, oui, je connais ce projet, cette banque prendra le nom de « Banque de France ».

— C'est cela même. L'établissement verra le jour la semaine prochaine[1]. Je ne vous cache pas qu'il reste de nombreuses dispositions à prendre et M. Récamier est partout à la fois. Mais il serait mieux placé que moi pour vous en parler. Cette partie est la sienne, la mienne est ailleurs.

Sur ces mots, Mme de Staël enleva Juliette à Talleyrand pour l'emmener dans un coin plus retiré du salon.

— Dites-moi, Juliette, je vois que votre Mathilde est déjà bien à son aise. Je l'ai croisée en compagnie de ce cher Monge, elle a de la repartie ! Diable, cette petite me plaît…

— Il nous l'a enlevée. M. de Talleyrand m'a fait remarquer son audace et m'a mise en garde… Comme si je n'avais pas moi-même quelque expérience ! plaisanta Juliette qui, depuis plusieurs années déjà, était l'objet de toutes les convoitises.

— Mais contrairement à vous et moi, Mathilde est libre de convoler. Cela lui donne des atouts que nous n'avons plus, ma tendre amie !

— Allons, Germaine, ne me dites pas que votre statut de femme mariée est une entrave à vos libertés amoureuses !

---

1. 28 nivôse an VIII, 8 janvier 1800.

Germaine avait épousé M. de Staël, dont elle était séparée depuis plusieurs années. Ensemble, ils avaient eu trois enfants, Auguste, Albert et Albertine. Cette paternité ne semblait être qu'officielle, car d'autres prétendants pouvaient la revendiquer. L'aîné et le second, Auguste et Albert, étaient sans doute les fils de M. de Narbonne, lui-même fils naturel de Louis XV. Albertine, la benjamine, alors âgée de trois ans, était vraisemblablement la fille de Benjamin Constant, qui entretenait avec la baronne une relation tumultueuse.

Tous deux s'étaient connus six ans plus tôt, en 1794. Il était membre du Tribunat, l'une des chambres du pouvoir législatif. Leur relation passionnée, ponctuée de déchirures et de retrouvailles, faisait jaser dans les salons. Ceux qui en étaient témoins s'étonnaient de les voir incapables de vivre à la fois ensemble et l'un sans l'autre. À leur rencontre, ils s'étaient trouvé de nombreux points communs : originaires du même pays de Vaud, en Suisse, de religion protestante, ils aimaient plus que tout vivre à Paris et leur vision politique convergeait. Dotés d'un esprit brillant, leurs conversations enflammées représentaient sans doute le ciment de leur passion complexe.

— Je me sens d'autant plus libre que Benjamin ne tient pas en place sur sa bergère ! lança Mme de Staël avec ironie.

Avec cette plaisanterie, Germaine riait jaune et s'agaçait du caractère trop volage de son amant.

— Benjamin est le leader de l'opposition libérale, comme disent nos amis anglais. De toute évidence, le Premier consul en est irrité. Cela m'amuse. Voyez-vous, Juliette, nous avions espéré énormément du général Bonaparte. Après toutes ces années de marasme politique, depuis la prise de la Bastille, il nous semblait être l'homme de la situation pour faire triompher le véritable idéal de la Révolution. Nos premières rencontres furent optimistes, bien que son opinion sur les femmes me heurtât dès ses premiers mots. Mais la réalité est loin de nos espérances ! Hier, au Tribunat, Benjamin a pris la parole pour dénoncer « l'aurore de la tyrannie ». Je vous avoue que je ne suis pas totalement étrangère à la rédaction de son discours !

— M. Récamier m'a rapporté cette intervention qui a fait grand bruit. Mais le Premier consul n'est en place que depuis trois mois. Ne craignez-vous pas de le juger trop rapidement ? Peut-être devriez-vous lui laisser un peu de temps ? modéra Juliette qui trouvait son amie sévère.

Les propos de l'amant de la baronne étaient souvent incisifs, car ce dernier, libéral convaincu, s'opposait à la « monarchisation » du régime. Le peuple de France n'avait pas éliminé son roi et coupé tant de têtes pour que, dix ans après, un homme détienne seul tous les pouvoirs, de surcroît après un coup d'État.

— Non, je ne suis pas trop impatiente ! s'exclama Germaine de Staël. Il y a des signes qui ne trompent pas et qui nous ont tout de suite alarmés ! Bonaparte s'est trahi. Il entend bien gouverner seul et il ne s'en est d'ailleurs pas caché.

La baronne de Staël avait raison. Lorsque Napoléon avait réuni pour la première fois les deux autres consuls, ses propos sur leur mode de collaboration avaient été sans ambiguïté : « Messieurs, maintenant que je suis à la tête des affaires, je puis vous dire que la France se trouve dans le même état que Rome, lorsqu'on déclarait qu'un dictateur était nécessaire pour sauver la République[1]. J'entends donc que vous soyez auprès de moi des serviteurs dociles et efficaces. »

— Benjamin a décidé de réagir vite. Il pense qu'il est de son devoir d'intervenir car, Suisse de naissance, il estime qu'il a plus de liberté de parole que d'autres membres du Tribunat. Aussi, quand il m'a demandé de revoir ses notes, j'ai été saisie par la violence de ses mots. Il y dénonce un « régime de servitude et de silence » !

— Sur le fond, Germaine, je suis d'accord avec vous. M. Récamier me le dit aussi, nous ne pouvons accepter un retour en arrière... Mais Rome ne fut-elle pas sauvée par son dictateur ? N'est-ce pas trop tôt pour condamner l'ambition personnelle du Premier consul ? Et qu'ont fait tous ceux qui, collégialement, ont dirigé la France depuis dix ans ? Rien. Ils n'ont même pas été capables d'en finir avec la Révolution !

— J'aimerais avoir votre candeur, Juliette, mais je n'y crois pas du tout ! Pour preuve, la nouvelle Constitution de l'an VIII entrée en vigueur il y a quinze jours[2]. Benjamin a pu voir le texte dans sa

1. Jean-Baptiste Capefigue, *L'Europe pendant le Consulat et l'Empire de Napoléon*, volumes 3-4, tome VI, Bruxelles, Hauman, 1840, p. 261.
2. Le 25 décembre 1799.

totalité : il fait de Bonaparte le seul maître à bord. Même si elle a les apparences d'une constitution démocratique, elle organise le pouvoir autour du même homme. Je vous le dis, ma chère, notre Premier consul est un despote, voilà tout.

Mme de Staël et Juliette furent interrompues par Mathilde qui, toujours au bras de Gaspard Monge, venait droit vers elles.

— Ma cousine, je vous cherchais. Que M. Monge est passionnant ! Saviez-vous qu'il est, avec d'autres de ses illustres amis, l'un des créateurs de notre calendrier républicain[1] ? Et que la date d'aujourd'hui, le 22 nivôse an VIII, correspond au dimanche 12 janvier 1800 dans l'ancien calendrier grégorien ?

Mme de Chevreuse fut attirée par le petit groupe.

— Parbleu ! Je ne savais pas que vous en étiez ! s'exclama la belle rouquine. Je n'ai jamais pu me faire à ces nouvelles dénominations. Tout cela est d'une complexité !

Mathilde s'efforça de restituer fidèlement l'exposé que venait de lui faire le mathématicien.

— Ce n'est pas si compliqué. Tout d'abord, commença-t-elle, il faut savoir que le calendrier républicain fut créé pendant la Révolution française, mais qu'il ne fut pas mis en place tout de suite. Lors de la prise de la Bastille, le 14 juillet 1789, le peuple a considéré qu'une nouvelle ère commençait. Ainsi, on décida d'appeler l'année 1789 « l'an I de l'ère de la liberté ». Pourtant, nous n'avons utilisé ce calendrier que quatre ans plus tard. Il n'y eut donc pas d'an I. L'ancien calendrier grégorien a encore été conservé jusqu'en 1792, date à laquelle le Comité d'instruction publique chargea…

Mathilde s'empourpra et se tourna vers Gaspard Monge afin qu'il lui vienne en aide.

— Chargea Charles-Gilbert Romme, reprit Gaspard Monge, heureux d'aider sa jeune élève.

— Chargea M. Romme, reprit Mathilde, de créer une commission pour élaborer le nouveau calendrier républicain. Ce groupe se composait de huit hommes admirables, dont M. Monge.

1. Le calendrier républicain, ou calendrier révolutionnaire français, fut créé pendant la Révolution française et fut utilisé de 1793 à 1805.

— Les mois furent imaginés par Fabre d'Églantine[1], ajouta Germaine de Staël qui se rappelait la vie peu scrupuleuse de ce poète mort sur l'échafaud avec Danton, son protecteur.

— Aidé de M. André Thouin, jardinier botaniste au Jardin des Plantes[2], précisa Juliette. En effet, chaque nom de mois se rapporte à un aspect du climat ou à un moment important de la vie paysanne. *Nivôse* évoque la neige pour les mois de décembre et janvier, et *vendémiaire* s'inspire des vendanges pour les mois de septembre et octobre.

— Ou *brumaire* pour nos brumes d'octobre et novembre, renchérit Mathilde qui trouvait ce jeu de mois et de saisons amusant.

Bernadotte, qui s'était joint au groupe, intervint :

— Ou encore *frimaire* pour l'oisiveté frileuse de novembre et décembre !

— Brrr, nous y sommes, la pluie de *pluviôse* pour les mois de janvier et février, frémit Talleyrand.

Les rires avaient attiré les derniers invités tenus à l'écart. Laplace à son tour lança :

— Nous en sommes donc à *ventôse* pour le vent qui vient sécher la terre de février à mars[3].

— Voyons, *germinal*... *Germinal* parce que mars et avril sont les mois de... de la germination ? interrogea Mme de Chevreuse, craignant de dire une sottise.

— C'est exact, reprit Monge, le mois de la fermentation et du développement de la sève.

En disant ces mots, il avait pris sa posture de professeur des grandes écoles et se tenait les mains croisées dans le dos, tête penchée, le regard tourné vers le sol.

Mme de Chevreuse, emportée par sa bonne réponse, tapait des mains comme une petite fille joyeuse.

1. Philippe-François-Nazaire Fabre, dit Fabre d'Églantine, fut un acteur, dramaturge, poète et homme politique français. Il fut guillotiné à quarante-trois ans, le même jour que son protecteur Danton.

2. Jardin des Plantes, qui est aujourd'hui le Muséum national d'histoire naturelle.

3. Louis Blanc, *Histoire de la Révolution française*, tome 9, Paris, Paulin, 1837, p. 423.

— Je suis chanceux, car le hasard m'a désigné pour annoncer le plus beau des mois ! s'exclama Benjamin Constant. Le huitième mois de l'année, celui des amoureux, car *floréal* est le mois de l'épanouissement des fleurs.

Il avait dit cela en regardant Germaine de Staël, dont le visage s'illumina à cette tendre attention.

— *Floréal* a pris la place de la fin du mois d'avril et du début du mois de mai, reprit-il.

— À mon tour d'annoncer le neuvième mois de l'année, dit le chimiste Berthollet. C'est le dernier mois de notre beau printemps, *prairial*, le mois de la récolte des prairies[1], déclama-t-il.

— Comme je le disais à cette chère Mlle Hamelin, précisa Gaspard Monge, les mois de l'automne ont des suffixes en *-aire*, ceux de l'hiver se terminent par *-ôse*, les mois du printemps en *-al*, et enfin les mois de l'été en *-idor*.

— C'est donc à moi qu'il revient de commencer l'été, dit M. de La Harpe, ce petit homme âgé, ancien professeur de littérature et ami de Voltaire. Le dixième mois de l'année correspond aux derniers jours de juin, aux premiers jours de juillet et à la moisson dorée de *messidor* !

— Le onzième mois de l'année est le mois de *thermidor*, du grec *thermon*, qui signifie « chaleur estivale », et *dôron*, le « don ». Ce mois rappelle les chaleurs solaire et terrestre qui embrasent les mois de juillet et d'août, expliqua, doctement, Germaine de Staël.

— Enfin, l'année s'achève en beauté, annonça Mathilde. *Fructidor* est le douzième des mois, celui qui donne les fruits gorgés de soleil, d'août à septembre.

Elle ajouta :

— Les dimanches, les saints et les fêtes chrétiennes ont été abolis.

— Au nom de la science, de la nature et de la poésie, compléta Monge.

Mathilde reprit :

— Chacun des membres de la commission a eu un rôle à jouer en fonction de sa compétence. Les mathématiciens, dont M. Monge,

1. Guillaume Lallement, *Choix de rapports, opinions et discours prononcés à la tribune nationale depuis 1789 à ce jour*, volume 13, 1793, Paris, Eymery, 1820, p. 89.

ont recomposé l'année en s'assurant que les douze mois aient bien trente jours.

— Pour que le découpage puisse se faire tel que Mlle Mathilde vient de vous le présenter, poursuivit Monge, il nous a fallu ajouter cinq jours supplémentaires, six les années bissextiles, pour rester en phase avec les saisons. Ces jours supplémentaires ont été nommés des « sans-culottides » et arrivent juste après le dernier mois de l'année.

— Les poètes donnèrent aux trente jours de chaque mois des noms de plantes, d'animaux domestiques et d'outils, rajouta Mathilde.

— Eh bien, me voilà renseignée ! s'exclama de bon cœur Mme de Chevreuse, ce qui fit rire l'assemblée aux éclats.

Il était déjà 6 heures de l'après-midi et les convives commencèrent à se retirer. Juliette félicita Mathilde sur le chemin du retour.

— Vous vous êtes conduite à la perfection et je ne vous cache pas que vous avez fait grande impression. Je vais de ce pas le raconter à M. Récamier, qui sera enchanté.

— C'est que M. Monge a été si aimable avec moi. J'ai tellement joué à ces jeux de rôle avec maman que j'ai acquis une grande mémoire.

Juliette était impressionnée par les qualités de la jeune fille. Elle n'était pas face à une débutante et n'avait à présent plus aucun doute sur l'avenir de Mathilde.

— Je ne vous remercierai jamais assez, Juliette, ainsi que Mme de Staël, pour vos précieux conseils. Quant à ce M. Monge…

Mathilde se perdit dans ses pensées. Le cabriolet avançait lentement, la rue était encombrée. Il fallait traverser la Seine pour regagner la rive droite et la rue du Mont-Blanc, où vivaient les Récamier.

— Juliette, vous m'aviez promis de m'en dire plus sur cet homme qui a épousé l'ancienne fiancée de Napoléon Bonaparte, demanda Mathilde.

— Rien ne vous échappe, ma petite ! Vous parlez de M. Bernadotte. Oui, il a épousé Désirée Clary, il y a quelques années.

— Mais comment cela a-t-il pu se faire ?

— Elle était effectivement fiancée à Napoléon, mais son frère aîné, Joseph, avait déjà épousé Julie, la sœur de Désirée. Lorsque

Napoléon fit sa demande au père de la jeune fille, celui-ci estima qu'il avait « bien assez d'un Bonaparte dans la famille », il ne voulait pas marier ses deux filles à deux frères !

Mathilde et Juliette rirent de bon cœur.

Une fois qu'elles furent rentrées, Juliette invita sa cousine à aller se reposer. La journée avait été intense. Un souper lui serait monté dans sa chambre. Mathilde fut ravie de cette proposition. Elle avait tant vu et tant entendu cet après-midi qu'elle souhaitait y repenser paisiblement. Une année au couvent ne lui aurait pas apporté le centième de ce qu'elle venait de découvrir chez Mme de Staël. Elle voulait se remémorer la passionnante conversation qu'elle avait eue avec M. Monge.

De son côté, Juliette profita de cette accalmie passagère pour faire un brin de toilette avant de retrouver son époux. Lorsqu'elle descendit, Jacques-Rose était encore à son bureau, finissant ses dernières affaires de la journée. Elle alla se délasser avant le souper sur le lit de repos du petit salon.

M. Récamier baisa tendrement le front de Juliette et s'assit en face d'elle.

— Alors, ma douce amie, comment allez-vous ? Votre journée a-t-elle été bonne ? demanda-t-il.

— Certainement ! J'ai passé un après-midi délicieux, mais je suis épuisée. Nous sommes allées, Mathilde et moi, chez la baronne de Staël. Il y avait là les habitués. Le second consul nous a même fait le plaisir de nous entretenir sur ses travaux des différents codes.

— Napoléon Bonaparte est bienheureux d'avoir à ses côtés cet homme de talent, commenta M. Récamier. Et notre petite cousine, comment s'est-elle comportée ?

— À merveille, je n'aurais pu espérer mieux. Elle a été au centre de toutes les attentions. Quelle énergie possède cette enfant ! Rien ne lui échappe, elle veut être informée de tout, est habile dans la conversation et gracieuse... Elle possède tout pour charmer ces messieurs.

M. Récamier haussa un sourcil interrogateur.

— Vous dites ? À présent que je suis son tuteur, dois-je m'inquiéter pour elle ?

Jacques-Rose reprit :

— M. de Cambacérès vous a donc parlé de son Code civil ?

Avant de répondre, Juliette invita son mari à rejoindre la salle à manger pour souper.

— Justement, il l'a largement évoqué, continua Juliette. Il nous expliquait qu'il y travaillait déjà depuis plusieurs années, mais qu'il fallait maintenant un pouvoir politique fort et stable pour le faire adopter définitivement.

— Mme de Staël a-t-elle réagi aux droits des femmes ? Cambacérès vous a-t-il expliqué que les lois de la famille seront renforcées ? Le père ou l'époux sera plus que jamais le chef de famille, et sa femme devra lui obéir en tout... mais le mariage et le divorce deviendront des institutions civiles.

— M. de Cambacérès ne nous en a rien dit, répondit Juliette.

— Le second consul est un personnage avisé. Il savait chez qui il était convié... Le sort de la femme ne sera pas amélioré dans ces textes : lors de son mariage, l'épousée dépendra totalement de son mari, qui sera l'unique propriétaire de sa fortune.

— Rien ne change donc... De toute façon, il en sera ainsi pour les femmes tant que des individus masculins seront à l'initiative des lois ! Il faut être partie prenante pour faire évoluer les situations, ajouta Juliette. Le Code civil, par exemple, sera très tolérant sur un sujet qui touche de près M. de Cambacérès.

— Que voulez-vous dire, Juliette ?

— À quarante-sept ans, le second consul est toujours célibataire, et nous savons tous qu'il préfère les hommes. Eh bien, le code restera très discret[1] sur les hommes qui aiment les hommes. On n'est jamais mieux servi que par soi-même !

— À la bonne heure ! répondit M. Récamier, qui avait été un grand séducteur avant de connaître Juliette et qui faisait preuve d'une grande ouverture d'esprit.

— C'est pourquoi je pense que Mme de Staël a raison lorsqu'elle soutient que les droits des femmes n'évolueront que lorsque nous serons au pouvoir... Et ce jour n'est pas encore arrivé ! Notre

1. Ainsi, la France, en matière d'homosexualité, eut l'une des législations les plus tolérantes du monde jusqu'au maréchal Pétain, qui en fit un crime.

Premier consul a des idées bien arrêtées sur la question. Germaine lui a demandé, un jour, « quelle serait pour lui la meilleure des femmes », il lui a répondu : « Celle qui fait le plus d'enfants, madame[1] » ! Je vous laisse imaginer ce qu'elle en a pensé !

— Avez-vous évoqué le dernier discours de Benjamin Constant au Tribunat ? demanda M. Récamier.

— Oui. Germaine et Benjamin sont de plus en plus opposés au Premier consul. J'ai peur que Napoléon ne tolère pas longtemps leurs comportements.

Jacques-Rose approuva.

— Elle se croit protégée par ses relations. Mais ce n'est rien d'avoir tout le monde avec soi quand on a le Premier consul contre soi ! s'inquiéta Juliette. Pensez-vous vraiment que Napoléon se comporte en dictateur ?

— Bonaparte a une autorité naturelle, jugea M. Récamier qui prenait son temps pour répondre, car la question était grave. Sa capacité à agir en chef est incontestable, quel que soit le domaine auquel il s'intéresse. Cela dit, la nouvelle Constitution a placé à la tête de l'État non pas un, mais trois consuls. Vous connaissez mon admiration pour M. de Cambacérès. Il forme un très bon duo avec Bonaparte. Sa présence me rassure, il est loyal, expérimenté et de seize ans son aîné. Napoléon l'écoute. Ce n'est pas comme le troisième consul, Lebrun, qui est plus influençable. Comme vous le savez, le pouvoir législatif a pour mission d'édicter les lois. Il est constitué de trois assemblées. La première est le Tribunat, dont le rôle est de discuter les lois sans les voter, la seconde est le Corps législatif ou Corps de muets, qui adopte ou rejette les lois. La troisième, le Sénat conservateur, est chargée de vérifier que les lois sont conformes à la Constitution.

Juliette écoutait les explications de son époux.

— Le pouvoir exécutif, celui des consuls, reprit Jacques-Rose, propose les lois, dont la rédaction est assurée par le Conseil d'État. C'est vrai que cette tâche semble plus l'apanage du Premier consul que des deux autres. Bonaparte ne se gêne pas pour corriger

1. Joseph-Adolphe Aubenas, *Histoire de l'impératrice Joséphine*, tome 2, Paris, Amyot, éditeur des *Œuvres de Napoléon III*, 1859, p. 6.

lui-même les paragraphes qui ne lui conviennent pas, au grand dam de Cambacérès ! Je comprends que ses opposants lui reprochent cet autoritarisme excessif. Mais soyons objectifs, depuis la Révolution, la confusion politique est telle que rien n'a abouti. Les constitutions se sont succédé et je veux croire Bonaparte lorsqu'il affirme que seule une main forte et durable peut être un vrai secours à notre pays. Où irions-nous aujourd'hui sans cet homme ?

— Vous avez donc plus d'espoir que Germaine et Benjamin...

— Juliette, continua son époux, je ne vous apprendrai rien en vous disant que l'interprétation d'une même situation varie selon son angle d'analyse. Je suis un homme pragmatique, je défends mes affaires et celles de mes clients. Vos amis, eux, protègent leurs idéaux, ceux de la Révolution. L'homme d'affaires vous répondra qu'il faut d'abord structurer le pays si nous voulons voir triompher nos idéaux sociaux. On ne peut avoir que la politique de ses finances !

Les arguments de Jacques-Rose Récamier étaient convaincants.

— Cela fait neuf ans, reprit-il, que Cambacérès tente de faire exister le Code civil. Et voici qu'en trois mois Napoléon donne enfin ses chances à ce projet. Ces textes apporteront énormément à notre pays.

Jacques-Rose poursuivait :

— De même, les hommes d'affaires demandent, depuis plusieurs années, la création d'une institution financière centrale. Nous en avons besoin pour favoriser la reprise de l'activité économique, car la récession que nous vivons depuis la Révolution est profonde. La Banque de France va enfin ouvrir ses portes, et ce, grâce à Napoléon ! Il a cette force de mener les projets à leur terme et de s'entourer des personnes compétentes.

Le couple Récamier avait donc un avis bien différent de Germaine et Benjamin.

5

Juliette et Roméo

Février 1800

Mathilde était fin prête pour se rendre à la réception que Lucien donnait en l'honneur de son frère Napoléon. Elle n'attendait plus que la réponse de Mme de Staël.

La baronne était allée la veille au soir au *Théâtre-Français* pour assister à la représentation du *Cid*, avec Talma[1] dans le rôle de Rodrigue. L'acteur, âgé de trente-sept ans, était connu pour être le comédien préféré de Napoléon. Les critiques de la pièce étaient élogieuses ; le peintre David avait réalisé les décors et les costumes. Subjuguée par la représentation, Germaine de Staël n'en avait pas pour autant oublié sa mission : obtenir d'Élisa Baciocchi, la sœur aînée des Bonaparte, une invitation pour Mathilde à ce dîner. À l'entracte, elle quitta sa loge et alla la saluer. Elle lui conta les épreuves endurées par la jeune cousine de Juliette et lui révéla que M. Récamier était désormais son tuteur.

— J'espère que la beauté et l'esprit de cette jeune fille aideront M. Récamier à lui trouver un mari ! s'exclama Mme Baciocchi avec un petit rire étouffé.

1. Républicain et proche de Bonaparte, il était surtout l'acteur français le plus prestigieux du début du XIXe siècle. Il révolutionna le théâtre en osant porter sur scène des costumes de l'époque de ses personnages et non plus selon la mode.

Mme de Staël retint un soupir d'exaspération. Elle avait toujours trouvé Mme Baciocchi peu raffinée. Germaine répliqua avec aplomb :

— Elle est la digne cousine de Mme Récamier. Même grâce, même beauté, même spiritualité ! Peut-être pourrait-elle se joindre aux invités de votre frère Lucien ? Ainsi la rencontreriez-vous.

— Quelle bonne idée ! Vous savez combien M. Lucien aime faire plaisir à Mme Récamier. Je peux, sans même le consulter, vous répondre par l'affirmative.

Le lendemain matin, Germaine adressa un billet à ses amis pour leur confirmer l'invitation de Mathilde.

Juliette venait encore, cette après-midi même, de recevoir une lettre de Lucien. Amoureux transi, il lui déclarait son amour et l'avait signée « Roméo », ce qui ne manquait pas de l'embarrasser plus encore...

Juliette tendit le billet de la baronne à Jacques-Rose. Après l'avoir lu, il demanda à son épouse :

— Depuis notre dernière conversation, avez-vous réussi à refréner les ardeurs de votre soupirant ? Mes conseils vous ont-ils été utiles ?

Juliette le regarda, le visage crispé, et avoua :

— Ce sujet me tourmente. Les empressements de Lucien n'ont pas faibli. Auparavant, il ne se déclarait que dans ses missives, désormais il veut me rendre visite. Vous comprendriez mieux en lisant ses lettres.

— Juliette, votre trouble est bien légitime, mais, comme je vous le disais, Lucien est ministre de l'Intérieur. Vous ne pouvez risquer de le contrarier, pour le bien de mes affaires. Faites confiance à l'homme d'expérience que je suis : si vous persistez à l'éconduire sans qu'il se sente humilié, il finira par se lasser.

Juliette alla chercher les missives. Jacques-Rose en prit deux au hasard pour lui faire plaisir. Il commença à lire.

Lettre de Roméo à Juliette

Venise, 27 juillet.

Roméo vous écrit, Juliette ; si vous refusiez de la lire, vous seriez plus cruelle que nos parents [...]. *Il y a peu de jours, je ne vous connaissais encore que par la renommée ; je vous avais aperçue quelquefois dans les temples et dans les fêtes ; je savais que vous étiez la plus belle : mille bouches me répétaient vos éloges, mais ces éloges, et vos attraits m'avaient frappé sans m'éblouir… […] Je vous ai revue depuis. L'amour a semblé me sourire… assis sur un banc circulaire, seul avec vous j'ai parlé, j'ai cru entendre un soupir s'exhaler de votre sein ! Vaine illusion ! Revenu de mon erreur, j'ai vu l'indifférence au front tranquille assise entre nous deux… La passion qui me maîtrise s'exprimait dans mes discours, et les vôtres portaient l'aimable et cruelle empreinte de la plaisanterie. Ô Juliette ! La vie sans l'amour n'est qu'un long sommeil : la plus belle des femmes doit être sensible : heureux le mortel qui deviendra l'ami de votre cœur !…*

L. B.[1]

M. Récamier replia cette première lettre et la tendit à Juliette. Jacques-Rose prenait conscience de la passion du jeune homme.

— Lucien Bonaparte qui se présente en Roméo, pauvre Shakespeare ! Il date même ses lettres de Venise, j'en serais presque touché !

Il ouvrit la seconde lettre.

À Juliette

Juliette, ce n'est plus Roméo, c'est moi qui vous écris. Depuis deux jours, retiré à la campagne, votre idée m'y a occupé sans cesse : ces deux jours ont suffi pour m'éclairer sur ma position, et je me suis jugé. Je vous envoie le résultat de mes tristes réflexions, et je vous prie de les lire… C'est la dernière lettre que vous recevrez de moi.

« Un ridicule est plus dangereux qu'un crime, lorsque surtout il se rapporte à un homme public sur qui la critique exerce avec tant de plaisir sa maligne influence […].

Amour-propre, raison protectrice, j'entends votre oracle : je m'y soumets avec douleur […]. *Je fuirai Juliette, mais je l'aimerai toujours. Je lui écrirai tout ce que je sens pour elle… Si elle est inébranlable, elle oubliera ma lettre et mon image, et j'éviterai sa présence.*

1. D'après Juliette Récamier, *Souvenirs et correspondances tirés des papiers de Madame Récamier*, *op. cit.*, p. 31.

Mais si elle répondait à mes plaintes par un sourire enchanteur, oh ! Je ne puis plus répondre de moi-même [...]. »

Juliette ! Oubliez mes vœux s'ils vous offensent... Rappelez-moi si vous me plaignez, mais voyez toujours dans celui qui vous écrit un homme qui mettra dans toutes les occasions sa félicité à contribuer à la vôtre.

L. B.[1]

— Lucien annonce que cette lettre est la dernière, mais pas moins de cinq jours après j'en recevais une nouvelle, suivie d'une autre, et ce, tous les deux jours, se plaignit Juliette.

M. Récamier eut un profond soupir puis ajouta :

— Croyez-moi, mon amie, il se lassera, mais ne le heurtez pas. Lucien est hautain et prétentieux. S'il était vexé, il risquerait d'être cruel.

Juliette écoutait attentivement son époux, elle dissimulait mal son embarras. Ce soir, elle aurait préféré décliner l'invitation du ministre de l'Intérieur pour ne pas lui donner de faux espoirs.

M. Récamier s'efforçait à rester indifférent, mais cette affaire le préoccupait. Il espérait seulement que cette inquiétude soit partagée par la famille Bonaparte. Mieux que quiconque, ils pourraient convaincre Lucien de calmer ses ardeurs.

* *
*

Juliette fut soulagée d'être accompagnée par sa cousine car, entre-temps, Mme de Staël, souffrante, s'était désistée.

Après les avoir saluées, Lucien ne cessa de tourner autour d'elles. Son épouse, Christine, était absente. Mathilde, par sa présence, protégeait Juliette des élans passionnés du ministre.

Le Roméo était de taille moyenne. Il avait tout juste vingt-quatre ans. Il bougeait de manière théâtrale : de grands gestes accompagnaient ses discours, ce qui lui donnait une apparence superficielle. Les traits de son visage étaient réguliers. Il avait le regard

1. D'après Juliette Récamier, *Souvenirs et correspondances tirés des papiers de Madame Récamier*, *op. cit.*, p. 33.

caractéristique des myopes qui froncent les sourcils pour mieux voir ; son sourire laissait deviner une certaine vanité. Lucien était sans doute, après Napoléon, le plus intelligent des frères Bonaparte. Lui seul avait le courage de s'opposer au Premier consul. Mais son destin, il le savait, était lié au génie de Napoléon.

Pour être au calme, Juliette et Mathilde s'étaient réfugiées près de la porte de la bibliothèque qui communiquait avec le grand salon et la salle à manger. Elles pouvaient ainsi observer les convives en toute discrétion.

Mathilde reconnut MM. de Cambacérès, de La Harpe et de Talleyrand. Cambacérès prenait grand soin d'une dame qui était à ses côtés.

— C'est Madame Mère, Mme Letizia, lui confia Juliette. Elle est la maman de Napoléon et a eu sept enfants. Malheureusement, Charles, son mari, est décédé il y a plusieurs années. Il n'a jamais connu la gloire de son fils.

Puis Juliette mentionna un autre personnage important. C'était Joseph Fouché, le ministre de la Police.

La jeune femme dévisagea cet homme d'une quarantaine d'années. « C'était donc lui », pensa-t-elle. Il avait participé à la ruine de ses parents et à son malheur en faisant appliquer le décret émis par la Convention. Il y avait déployé tant de zèle qu'elle éprouvait un vif ressentiment à son égard.

L'homme avait une silhouette effilée, un long visage anguleux, le teint froid assombri par des yeux gris. Quelques cheveux blancs lui couvraient les tempes et pâlissaient sa chevelure cuivrée.

— Fouché est un serpent, un animal à sang-froid qui se faufile partout. Il contrôle la moindre expression de son visage et n'offre que très rarement un petit rictus sur ses minces lèvres qu'il ne desserre jamais. Son cœur est sec, il n'aime ni les femmes, ni les plaisirs d'une bonne table, ni les jeux. Germaine dit qu'il travaille jour et nuit, sans relâche. Notre ministre de la Police collecte des informations sur tous, petites gens, émigrés, jacobins, bourgeois, royalistes, et ne partage jamais ses secrets. Même Napoléon et sa famille sont espionnés !

Juliette marqua une pause avant de reprendre :

— Partez du principe qu'il en sait toujours plus que ce que vous pensez. Il ne se confiera jamais à personne, pas même au Premier consul. C'est là sa force et ce qui nous pousse, tous, à être aimables avec lui. Il vaut mieux l'avoir avec soi plutôt que contre soi ! Je n'oublie pas non plus qu'il fut surnommé « le Mitrailleur de Lyon » lorsqu'il a été impliqué dans les massacres de la ville.

— Je sais, répondit Mathilde, le cœur serré. Cet homme a œuvré à notre ruine et mes parents en sont morts, ajouta-t-elle sèchement.

Juliette ne poursuivit pas cette conversation. La douleur de sa cousine était prégnante, de plus ce n'était ni le moment ni le lieu.

Initialement, rien ne prédisposait Joseph Fouché à devenir ministre de la Police. D'origine nantaise, il était entré dans les ordres chez les Oratoriens[1] et y avait passé dix années, d'abord comme élève, puis comme professeur de physique et de mathématiques. Cette vie monacale fut la meilleure des formations. Elle forgea sa personnalité, lui apprit à maîtriser ses émotions, à savoir écouter et observer pour mieux manipuler. Puis il comprit très vite qu'après la Révolution il valait mieux appartenir au tiers état pour accéder au pouvoir. Il quitta la robe[2] dans l'espoir d'épouser Charlotte de Robespierre, la sœur de son ami Maximilien. Finalement, il se maria avec la fille, sans grande beauté, d'un riche marchand.

À la Convention, il fut élu député girondin de la Loire-Inférieure et c'est là qu'il trahit pour la première fois son camp en votant la mort de Louis XVI. En une nuit, ce modéré devint un républicain extrémiste et se réappropria le plus naturellement du monde les arguments de ses adversaires !

Puis, quelques années plus tard, Robespierre lui reprocha ses actes de cruauté[3] durant l'affaire lyonnaise. Il s'en défendit tant bien que mal, se défaussant sur Collot d'Herbois. Ce dernier fut condamné au bagne tandis que Fouché deviendrait ministre. Deux poids, deux mesures, pour celui qui excellait dans l'art de se faufiler dans les couloirs du pouvoir.

1. Ordre qui dirigeait l'instruction catholique en France depuis que les Jésuites avaient été interdits d'enseignement.

2. Il ne fut qu'un demi-prêtre, car il ne prononça jamais ses vœux, bien que portant la tonsure et l'habit religieux.

3. Lorsqu'il était président de la Convention nationale.

Toujours du côté des plus forts, il n'hésitait jamais à changer d'amis ou d'idées. C'est la seule ligne de conduite à laquelle il resterait fidèle toute sa vie.

Les invités continuaient à affluer. Mathilde avait décidé de ne pas gâcher sa soirée à cause de Fouché. Elle écoutait Juliette avec attention.

Mme Récamier lui parla d'un nouveau venu, nommé Pierre-Jean Garat. Napoléon appréciait particulièrement cet artiste baryton à la mode. Introduit auprès de la famille royale, avant la Révolution par le comte d'Artois[1], il fut le maître de chant de Marie-Antoinette. Lors de son arrestation, il composa deux romances, *Vous qui portez un cœur sensible* et *Vous qui savez ce qu'on endure*. Soupçonné de royalisme, il eut bien des soucis pendant la Révolution et la Terreur. Heureusement, ses liens de parenté avec son oncle Dominique-Joseph Garat lui permirent d'être épargné. Ce dernier succéda à Danton au ministère de la Justice et de ce fait notifia la sentence de mort à Louis XVI.

— Vous allez vous en apercevoir, Mathilde, cet être est tout à fait singulier : il aime être vu !

— Comment cela ? demanda Mathilde.

— Regardez comme il va vers Mme Baciocchi. Voyez son apparence, ses tenues sont toujours extravagantes. C'est un *daindy*[2], comme dirait Mme de Staël ! Il use de nombreux artifices pour se rendre original : son air précieux, ses manières affectées presque efféminées, sans parler de sa façon d'articuler. Un jour, il a décidé de ne plus prononcer le *r* du mot Révolution[3] et supprima cette lettre de son vocabulaire. Les jeunes comédiens trouvent cela très chic et beaucoup l'imitent !

— Vous voulez dire que, pour dire « regardez », il va prononcer « wegaadé » ?

— Exactement !

1. Frère benjamin de Louis XVI et futur Charles X.

2. Le terme « daindy », devenu « dandy », est apparu dans les écrits de Mme de Staël en 1813. Elle a rapporté ce mot de son exil en Angleterre en 1793.

3. Comme le firent les Incroyables, mouvement de mode sous le Directoire, dont l'excentricité répondait à la tristesse ambiante de la Terreur.

Juliette s'interrompit pour faire un signe de la main à Joseph Bonaparte qui entrait dans le grand salon et se dirigeait vers Fouché. Elle le voyait fréquemment chez Mme de Staël, ce qui lui autorisait ce petit geste familier. Joseph, l'aîné de la fratrie, avait un an de plus que Napoléon.

L'homme lui rendit son salut, avec un temps de retard. Cette hésitation surprit Juliette, elle comprit son erreur.

Consternée, elle porta sa main à la bouche, comme pour se rendre muette. Mathilde vit sa mine se décomposer.

— Qu'avez-vous, ma chère cousine ? Vous sentez-vous mal ?

Juliette restait immobile. Son extrême pâleur trahissait la forte émotion qu'elle avait peine à contenir.

Les regards insistants de Bonaparte et de Fouché tournés vers elle finirent de la mettre mal à l'aise. Elle se réfugia précipitamment au fond de la bibliothèque.

— Juliette, qu'avez-vous ? répéta Mathilde.

— Je viens de commettre, encore une fois, une terrible maladresse ! J'ai cru apercevoir de loin mon ami, Joseph Bonaparte, or malheur à moi, c'est Napoléon que je viens de saluer ainsi !

Mathilde resta sans voix.

— Quelle insolence, va-t-il penser ! Comment moi, d'ordinaire si réservée, ai-je pu commettre un tel impair avec l'homme le plus puissant de France ?

Mathilde prit les mains de sa cousine pour la réconforter.

— Il ne vous en trouvera que plus charmante ! tenta-t-elle de la rassurer.

À cet instant, Élisa Baciocchi et Caroline les rejoignirent.

De tous les membres de la famille Bonaparte que Juliette fréquentait, c'était avec Caroline qu'elle avait le plus d'affinités ; celle-ci savait être aimable en toutes circonstances.

— Vous me semblez bien émue, demanda Élisa avec sa franchise habituelle. Quelque chose ne va pas ?

— Je viens de commettre un impair, balbutia Juliette. J'ai eu par erreur un geste familier envers votre frère. J'espère qu'il me le pardonnera.

— Sapristi ! Qu'avez-vous donc fait à Lucien ? s'exclama Mme Baciocchi. Pauvre garçon, il est déjà trop torturé par votre personne pour qu'il puisse vous pardonner quoi que ce soit !

— Rassurez-vous, madame, cela ne concerne pas Lucien, mais notre Premier consul, Napoléon. Je l'ai salué de la main, comme j'ai coutume de le faire avec Joseph. Je les ai confondus !

Caroline et Élisa éclatèrent de rire.

— Au contraire, votre spontanéité va le séduire, s'amusa Caroline. Ne soyez pas gênée, il intimide tant que ces petits gestes spontanés le touchent.

Fouché et Cambacérès entrèrent dans la bibliothèque pour les rejoindre, suivis de Monge qui interpella Mathilde.

— Vous ici ? Je crois bien que Paris ne veut plus voir que vous ! la taquina-t-il.

Chacun de ces messieurs offrit son bras à une dame. Mathilde prit celui de M. Monge et Juliette celui de Fouché. Le dîner était annoncé. Les convives suivirent Napoléon qui entrait dans la salle à manger. Il prit la place d'honneur ; les autres sièges n'avaient pas été attribués.

Tandis que Mme Letizia s'installa à sa gauche, la chaise à droite du Premier consul resta vide. Personne n'osa s'y asseoir. Élisa s'approcha de Juliette et l'invita à la prendre.

Lucien étant assis face à son frère, Juliette ne suivit pas le conseil de Mme Baciocchi et prit un siège à quelque distance des deux Bonaparte. Cambacérès vint s'installer à sa droite et Moreau à sa gauche.

Tout le monde était enfin placé quand Napoléon interpella Garat.

— Garat, posez-vous là ! lui dit-il en montrant la chaise restée libre à ses côtés, Joséphine, souffrante et donc absente, ne pouvant l'occuper.

Le souper commença.

Mathilde était fort bien entourée. À sa droite, Monge était attentif à ses moindres faits et gestes comme un père. À sa gauche, Philippe de Ségur, un grand ami d'Eugène de Beauharnais[1], bien que plus réservé, semblait aussi très prévenant.

M. Récamier se trouvait entre Gaudin, le ministre des Finances, et Caroline. Il conversait avec gaieté et aisance, ce qui combla Juliette.

1. Fils de Joséphine, épouse de Napoléon.

Soudain, Napoléon, avant même d'avoir avalé sa première bouchée, s'adressa à Cambacérès et lança d'une voix suffisamment forte pour que tout le monde l'entende :

— Ah ! Citoyen consul, auprès de la plus belle !

La jeune femme sentit ses pommettes devenir roses, tant le trouble l'envahit...

Le souper passa très vite. D'ailleurs, quoi qu'il fît, Napoléon le faisait vite. Il n'était pas un fin gourmet et mangeait plus par nécessité que par plaisir. Trente minutes plus tard, il se leva sans aucune cérémonie pour se rendre dans le grand salon.

Tous les invités firent de même, abandonnant leurs assiettes à moitié pleines.

M. Récamier proposa son bras à Juliette qu'elle prit avec grâce. Elle profita de ce rapprochement pour lui glisser à l'oreille la mésaventure qui avait précédé le repas. Son époux, pourtant ennuyé par cette maladresse, fit cependant bonne figure et sourit.

Arrivé dans le grand salon, il abandonna sa femme pour s'entretenir de son projet de Banque de France avec M. de Talleyrand.

Juliette resta seule un instant. Napoléon vint immédiatement près d'elle.

— Pourquoi ne vous êtes-vous pas assise auprès de moi ?

— Je n'ai pas osé... répondit Juliette, surprise de cette entrée en matière.

— C'était là votre place, lui dit-il.

Elle voulut lui demander pardon pour l'impertinence de son geste en début de soirée, mais il ne lui en laissa pas le temps. Il l'entraînait déjà dans le salon de musique. À peine entrés, Napoléon s'écria :

— Garat ! Que faites-vous ? Croyez-vous que votre service est fini ?

Celui-ci, d'ordinaire susceptible, accourut sans dire mot et fit face aux invités.

Tandis que chacun était occupé à regarder Garat, Napoléon glissa à l'oreille de Juliette :

— Vous n'avez pas eu froid durant le souper, j'espère.

Lucien, qui ne quittait pas des yeux celle qu'il aimait, s'aperçut de la complicité naissante entre son frère et la jeune femme. Il n'entendait rien de leurs échanges, mais ce qu'il observait ne le rassurait pas.

Il savait que dans une bataille, même amoureuse, Napoléon n'acceptait que la place de vainqueur.

Puis, sans en dire plus à Juliette, Napoléon regagna une chaise à l'écart, près du piano. Il ne la regardait plus. Elle restait perplexe face à l'intérêt subit du Premier consul. Cependant, elle avait bien noté le regard inquiet de Lucien qui avait suivi la scène.

Garat commença son récital où il se surpassa en chantant un air à la mode. L'émotion dégagée par le chanteur plut énormément au public. Juliette était toujours troublée par Napoléon quand Fouché vint lui chuchoter sur le ton de la confidence :

— Le Premier consul vous trouve charmante.

Lucien, qui s'était rapproché, avait entendu le ministre de la Police. Il s'avança à son tour vers la jeune femme, la couvrit de mille éloges et la remercia de lui faire l'honneur de sa présence à cette soirée. Il lui demanda également la permission de venir la voir à Clichy.

En effet, d'avril à septembre, les Récamier louaient un château, près de Paris, où l'air était moins étouffant que dans la capitale. La propriété était vaste, les jardins magnifiquement entretenus faisaient de ce lieu un havre de paix et de plaisirs dont profitaient largement tous les amis du couple.

Le village de Clichy-la-Garenne était bien situé par rapport aux activités du couple Récamier. Juliette pouvait se rendre à l'Opéra ou au *Théâtre-Français* et les invités de son salon venaient facilement lui rendre visite. Quant à son époux, cet endroit lui permettait de dîner avec sa femme puis de rentrer à Paris le soir même, afin d'être plus proche de son bureau le lendemain.

Napoléon vint perturber les plans de Lucien lorsqu'il l'entendit parler de Clichy. Il lança à haute et intelligible voix :

— Moi aussi, j'aimerais venir à Clichy !

Ce qui exaspéra Lucien.

Juliette comprit immédiatement que Napoléon, en fin stratège, était en passe d'atteindre son objectif. En s'interposant entre eux, il allait obliger Lucien à se retirer du jeu. M. Récamier fut ravi de cette manœuvre et reconnut, là encore, la perspicacité du Premier consul.

Cette soirée mit un terme aux ardeurs de Lucien. Sa cour avait duré un an. Il souhaita récupérer par un intermédiaire ses lettres d'amour, mais Juliette refusa. Et malgré son insistance, elle n'y consentit pas. C'était le seul moyen dont elle disposait pour prouver qu'elle n'avait pas cédé aux avances du jeune ministre. Il est toujours utile de se protéger d'une affabulation.

6

La nouvelle proie de Fouché

Avril 1800

Aujourd'hui était jour de salon chez Juliette. C'était l'un des plus prisés de la capitale. Elle avait, comme Germaine de Staël, pris la succession de sa mère, Mme Bernard, mais y avait apporté un souffle très personnel en proposant régulièrement des concerts, lectures, spectacles de théâtre ou de danse.

Les sujets d'actualité étaient aussi abordés, sans que l'on recherchât à les politiser. Sa porte était ouverte à tout ce que Paris possédait d'esprits riches et fertiles.

Juliette animait ces réunions en parfaite hôtesse, avec bonté et bienveillance. Cette époque suivait la Révolution, la Terreur et le Directoire, et affichait un fort engouement pour les arts. Mme Récamier était une ambassadrice en la matière : ses toilettes, le décor intérieur de son hôtel particulier, tout était recherché. Son goût était sûr, sobre, simple, caractéristique du style néo-classique qui rappelait l'art antique et faisait fureur à Paris.

Pour la famille Récamier, germinal[1] sonnait le glas des tenues hivernales. En arrivant à Clichy, Juliette ouvrait ses malles et redécouvrait ses robes, tuniques, chemises légères, châles et foulards

---

1. Avril.

qu'elle ne quitterait plus avant vendémiaire[1]. Pendant la matinée, Mathilde, Juliette et sa mère s'étaient livrées avec joie et amusement à des jeux d'essayage.

— M. de Talleyrand, qui a beaucoup voyagé, m'a affirmé que la mode française était en avance sur les autres pays ; nous dictons au monde les tendances ! s'enorgueillit Mathilde. Il a même ajouté que c'était grâce à vous, Juliette, et c'est un homme de goût ! « Que Mme Récamier décide de ce qui lui plaît et toutes les femmes du monde la suivent. »

— Ne croyez pas tout ce que l'on dit, Mathilde. M. de Talleyrand est un grand flatteur !

— C'est juste, intervint Mme Bernard, mais je dois avouer qu'il y a du vrai. Vous êtes sur toutes les couvertures des journaux de mode...

Mme Bernard reprit :

— Mes filles, la grande avancée de votre génération est d'avoir modernisé vos tenues. En vous voyant toutes deux à vos essayages ce matin, je repensais à nos robes sous la monarchie. Vous avez supprimé les corsets et ce nouveau style a libéré les femmes. Enfin, nous pouvons respirer[2]. Ces corps à baleine étaient de vrais instruments de torture. Ils nous oppressaient !

— Je m'en souviens, reprit Juliette, car même enfants nous n'étions pas épargnées.

— Mais les plis Watteau étaient tellement beaux, ils descendaient de la nuque jusqu'au sol ! commenta Mathilde.

Le peintre Jean-Antoine Watteau était un fervent admirateur de la robe à la française. Ses représentations recréaient à la perfection les jeux d'ombre et de lumière du satin et de la soie, si bien que son nom fut emprunté pour désigner les plis caractéristiques de ces robes.

— Aux oubliettes, les plis Watteau ! Petite Mathilde, croyez-moi, vous avez de la chance, affirma Mme Bernard.

1. Septembre.
2. Les tenues des femmes étaient particulièrement inconfortables, notamment les robes à la française du temps de Louis XVI, avec leurs corsets baleinés, leurs jupes à paniers et à volants.

— Il est vrai que nos robes-chemises[1] avec la taille haute sous la poitrine, les grands décolletés et les épaules nues sont si légères à porter. Leur allure est simple, elle joue avec la sobriété et la transparence des tissus.

— La coquetterie due à la transparence a supplanté la coquetterie due aux formes, reprit Mme Bernard. Nos robes à corset et paniers n'avaient d'autre but que d'accentuer la féminité de nos corps : gonfler nos seins, élargir nos hanches pour mieux affiner nos tailles. Aujourd'hui vous apparaissez telles quelles, presque nues sous ces voiles translucides. Vous montrez plus que vous ne suggérez. Quelle évolution !

— Sans oublier ces nouvelles matières si légères : coton, mousseline, gaze et percale... Étoffes si sobres et si pures, ajouta Juliette.

— Vous êtes gâtées, mes filles, la nature vous a donné des corps absolument parfaits, cette mode est pour vous. Beaucoup vous imitent, mais personne n'égale votre grâce !

Leur conversation fut interrompue par l'arrivée de Bernadotte. Le salon de Mme Récamier de cet après-midi se prolongerait, car une collation serait servie en début de soirée.

Après avoir présenté ses hommages aux trois femmes, il prit place et tous poursuivirent la conversation sur cette nouvelle « élégance à la française ».

— Savez-vous que notre Premier consul accorde une importance très particulière à la tenue des Parisiennes ? affirma l'officier. Plus nos belles ont de parures, plus elles font marcher le commerce. C'est la seule raison qui le réconforte des folles dépenses de son épouse Joséphine. Elle va jusqu'à commander sept cents chapeaux et plus de trois cents robes dans une même année !

— Trois cents, dites-vous, Bernadotte, reprit Mathilde, sidérée. Mais c'est presque une nouvelle robe chaque jour !

— Exactement. La beauté et la richesse de vos tenues sont un fantastique moyen de propagande pour l'État, car elles reflètent une nation heureuse et un excellent moyen de faire briller la France à l'étranger, affirma Bernadotte.

1. Robes-chemises : dénomination qui vient de leur ressemblance avec les sous-vêtements.

— Vous allez voir qu'un jour Napoléon réglementera même la mode ! s'amusa Juliette.

— Vous ne croyez pas si bien dire. Il y pense... En tout cas, je me réjouis, pour nous les hommes, d'en avoir fini de ces perruques à ailes de pigeon sur nos tempes.

— Des ailes de pigeon ? Vous aviez des plumes comme les Indiens de M. de Lafayette ? s'étonna Mathilde.

— Mathilde ! s'amusa Bernadotte. Les ailes de pigeon sont ces rouleaux de cheveux faits avec nos perruques qui couvraient nos oreilles.

— Que voulez-vous, on ne nous disait rien dans mon convent ! se justifia-t-elle en plaisantant.

Juliette aurait rêvé de poursuivre cette conversation, mais les invités arrivaient. Ils étaient nombreux, acteurs, chanteurs ou peintres, professeurs de littérature, scientifiques, salonnières, amies de Juliette...

Les artistes Garat et Talma firent leur entrée ensemble ainsi que les peintres David et Gérard. Vint ensuite Caroline Bonaparte, devenue depuis peu Mme Murat. Puis, ce fut au tour de Philippe de Ségur et Eugène de Beauharnais, de plus en plus assidus auprès de Mathilde. M. de La Harpe, Mathieu et Adrien de Montmorency, la duchesse de Chevreuse et la comtesse de Luynes étaient aussi présents. Fouché arriva seul, suivi de Talleyrand, de la baronne de Staël, de Benjamin Constant et, enfin, Joseph et Lucien Bonaparte. M. Récamier était lui aussi rentré de Paris plus tôt qu'à son habitude afin d'avoir le plaisir de passer un peu de temps avec les hôtes de son épouse.

Les dames étaient rassemblées au centre de la terrasse ombragée, les messieurs tournaient autour d'elles au gré de leurs conversations. Germaine et Garat, le chanteur d'opéra, avaient rejoint Mathilde qui conversait toujours avec Bernadotte. Ils parlaient musique et Bernadotte évoquait avec émoi les concerts auxquels il avait assisté en 1798 à Vienne, lorsqu'il y était ambassadeur de France.

— J'ai fait la connaissance d'un musicien exceptionnel avec qui je corresponds toujours et que j'aimerais inviter à Paris. C'est un vrai génie, confia-t-il.

— Wolfgang Amadeus Mozart ? demanda Mathilde. Le célèbre musicien qui déjà, à cinq ans, jouait à la cour d'Autriche et voulait épouser Marie-Antoinette qui en avait six ?

— Non, ma chère amie… Le mien s'appelle Ludwig van Beethoven. Je n'ai pas eu l'honneur de rencontrer en personne ce M. Mozart. Il était déjà mort depuis sept ans quand je vivais à Vienne, même si la ville portait encore son deuil !

— Ludwig van Beethoven, cela ne me dit rien… Est-il viennois ? demanda Germaine pourtant très avertie.

— Non, il est né à Bonn et n'a que trente ans !

— Dites-nous-en plus, demanda Garat, la musique est mon domaine. Je n'ai encore rien entendu à son propos. Croyez-vous que son œuvre mérite d'être jouée à Paris ? Comment pourriez-vous nous parler de son art ?

— Tout d'abord, mon cher Garat, je ne suis pas musicien, j'ai donc peur de ne pas être capable d'exprimer correctement la valeur de son génie, s'excusa Bernadotte. Mais son professeur, le compositeur Haydn, lui-même célèbre musicien à Vienne, a été ébloui par le jeune artiste. Il a eu pour lui des mots exceptionnels décrivant son inépuisable inspiration, son audace pour dépasser les règles de composition et créer un style très novateur avec sa musique.

Bernadotte avait raison. Haydn avait été conquis par ce jeune homme. Il avait eu pour lui ces mots élogieux : « Vous avez une abondance inépuisable d'inspiration, vous aurez des pensées que personne n'a encore eues, vous ne sacrifierez jamais votre pensée à une règle tyrannique, mais vous sacrifierez les règles à vos fantaisies ; car vous me faites l'impression d'un homme qui a plusieurs têtes, plusieurs cœurs, plusieurs âmes[1]. »

— Je reste sans voix ! déclara Garat, admiratif, ce qui pour un baryton est peu commun. Quand on sait qui est Haydn lui-même ! Un excellent musicien qui fut d'ailleurs un bon ami de Mozart. Cet homme sait ce qu'est la grande musique… Je serais heureux d'entendre jouer Beethoven !

— Connaître l'homme m'a autant intéressé qu'écouter sa musique ! reprit Bernadotte. Beethoven s'est passionné pour la Révolution française. Ébloui par les succès de Napoléon lors de sa

1. Extrait d'une conversation de Haydn avec Beethoven rapportée par le flûtiste Louis Drouet, Jean et Brigitte Massin, *Ludwig van Beethoven*, Paris, Club français du livre, 1960, p. 45.

campagne d'Italie, ce jeune musicien s'est présenté un jour à l'ambassade de France, pour tout savoir sur la chute de la monarchie, la Révolution, la Convention, le Directoire, et sur Bonaparte, qu'il rêve de rencontrer. J'ai été très surpris de cette démarche. Nous sommes d'ailleurs toujours en correspondance, car il me demande sans cesse des nouvelles de la France et de notre Premier consul.

— Avez-vous informé Napoléon de cette admiration, se sont-ils rencontrés ? s'enquit Juliette.

— Bien sûr, mais vous connaissez notre Bonaparte, il est peu réactif aux flatteries, même s'il y est sensible. Il m'a seulement dit qu'il serait satisfait de l'entendre lorsqu'il marchera sur Vienne !

— Satisfait de l'entendre ! reprit Germaine, toujours stupéfaite par les formules napoléoniennes.

Mais Bernadotte reprit sans relever :

— La fascination de Beethoven pour les idéaux démocratiques des philosophes français du XVIIIe siècle m'a marqué. Leur pensée gagne peu à peu toute l'Europe. Il affirme que cette vague de liberté influence tout son être et se retrouve dans sa musique ! Dans sa dernière lettre, il était sur le point d'achever sa première symphonie dont une représentation devait avoir lieu le mois dernier à Vienne. Je n'ai pas de nouvelles depuis.

— Si je comprends bien, intervint Germaine de Staël, il veut faire entrer la Révolution dans sa musique, comme Talma l'a fait entrer dans son théâtre !

— Vous me flattez, répondit modestement Talma.

— Je suis tentée, Bernadotte, et je ne vois pas d'autre solution que de me rendre à Vienne ! s'exclama Germaine de Staël. J'aurais peut-être la chance d'apprécier sa musique avant Napoléon, car, si je ne m'abuse, il n'est pas prévu qu'il marche sur Vienne ces prochains jours...

— Je me cacherais bien dans vos malles, plaisanta Garat, plutôt que dans les caisses de mitraille de nos soldats. Vos toilettes doivent assurément être plus moelleuses que les décharges d'artillerie !

— Soyez assurés que vous l'entendrez, reprit Bernadotte. Il m'a confié vouloir rendre hommage à notre Premier consul par un travail. Sans doute une symphonie, totalement différente de ce qui a été fait jusqu'à présent. « Elle sera puissante et énergique, comme votre Bonaparte », m'a-t-il écrit dans son dernier courrier. « Votre Premier consul est l'homme héroïque de votre nation. Il met en place les idéaux révolutionnaires, idéaux qui nous manquent tant ici, dans cet empire germanique. » Un tel hommage va finir par irriter l'empereur François II et, avec lui, toute la cour d'Autriche...

— Faites-le venir, Bernadotte, faites-le venir, qu'on l'entende, que diable ! s'exclama à nouveau Garat.

Tout en écoutant ses convives avec le plus vif intérêt, Juliette observait, de l'autre côté de la terrasse, les deux jeunes invités inséparables qu'étaient Eugène de Beauharnais et Philippe de Ségur. Ils semblaient en pleine conversation avec M. Récamier.

Ils avaient tout juste vingt ans et pouvaient profiter pleinement de leur jeunesse, contrairement à leurs aînés qui avaient eu cet âge en pleine Révolution. Depuis quelques mois, le calme était revenu en France. Une vague de liberté et de joie submergeait Paris. Il en était fini de ces années de Terreur. Le bonheur était là : salons, bals, fêtes et soirées resplendissantes fleurissaient partout en ville. Ces événements offraient des occasions extraordinaires de se divertir et Bonaparte y tenait ; il voulait que la jeunesse française retrouve le goût de s'amuser.

Eugène de Beauharnais était le fils aîné du premier mariage de Joséphine avec le vicomte de Beauharnais, guillotiné pendant la Révolution. Napoléon l'avait adopté lorsqu'il avait épousé sa mère en 1796.

Après la mort de son premier époux, Joséphine avait été entretenue par plusieurs hommes de pouvoir, dont Barras, le personnage le plus influent du Directoire. Moins épris d'elle qu'elle ne fut de lui, il s'en débarrassa en la présentant à un jeune officier, Napoléon Bonaparte, qui tomba éperdument amoureux de Marie-Josèphe Rose de Beauharnais. Selon son habitude de ne rien faire comme tout le monde, il avait rebaptisé Joséphine pour lui donner un nouveau prénom, que personne avant lui n'avait murmuré à son oreille.

Eugène put bénéficier du destin unique de son beau-père Napoléon. Ce jeune homme était aimé du Premier consul, qui en fit son aide de camp pendant la première campagne d'Italie et l'enrôla avec ses autres officiers pendant la campagne d'Égypte de 1799. Son avenir était dans les rangs de l'armée, dont il continuerait à gravir les échelons.

Philippe-Paul de Ségur, quant à lui, était issu d'une vieille famille de la noblesse française et avait passé une partie de son enfance en Angleterre. Exilé après la Révolution pour sa sécurité, il rentra en France à l'âge de douze ans pour retrouver ses parents.

Son père, Louis, était un militaire qui avait gagné ses galons pendant la guerre d'indépendance américaine, aux côtés de Lafayette, un proche parent. Il fut ensuite ambassadeur de Louis XVI en Russie sous Catherine II et échappa par chance à la guillotine durant la Révolution. Néanmoins, il perdit sa fortune et la famille Ségur traversa une période difficile. Louis dut à Bonaparte son retour sur la scène publique. Après son coup d'État, le Premier consul avait besoin d'une personne de sa qualité et le nomma au Conseil d'État. Parallèlement à sa carrière publique, il continuait ses travaux d'écriture[1].

Philippe, pour sa part, ne voulait devoir sa destinée qu'à lui-même. Il aurait pu suivre le chemin tracé par son père. Au lieu de cela, il avait préféré répondre à l'appel de Bonaparte lancé à toute la jeunesse française et s'engager dans la légion comme simple hussard. Son corps d'armée formait la garde du Premier consul. Apprécié, il avait obtenu rapidement le grade de sous-lieutenant, pouvant ainsi évoluer non loin du grand général dont il espérait se faire remarquer.

Juliette décida d'aller les rejoindre tous les trois.

Après les salutations d'usage, Eugène lui demanda si elle accepterait de leur montrer sa danse du schall[2].

Cette danse, inventée par Juliette, suscitait l'admiration du Tout-Paris. Un tambourin en main, elle rythmait sa chorégraphie et ondulait avec grâce. Elle caressait son cou, ses épaules, sa taille

1. Il entrera à l'Académie française en 1803. Les principales œuvres de Louis-Philippe de Ségur sont : *Histoire universelle, ancienne et moderne*, *Galerie morale et politique*, *Pensées, maximes, réflexions extraites de ses ouvrages*, *Les Quatre Âges de la vie* et ses *Mémoires*.

2. Schall ou châle : grande pièce d'étoffe carrée ou rectangulaire, tricotée, crochetée ou tissée.

avec un châle de soie jaune brodé or. La transparence de sa tunique blanche suggérait ses courbes ; elle dégageait une sensualité qui éveillait tous les désirs.

Juliette leur offrit ce plaisir et fut applaudie avec enthousiasme. Les convives étaient sous le charme. Juliette était tout aussi talentueuse que modeste : elle savait séduire avec vertu, ce qui éveillait tous les fantasmes. Aucun homme ne la possédait, aucune femme ne l'égalait.

— Jamais je n'ai vu de chorégraphie plus gracieuse et plus moderne, s'enthousiasma Lucien, ébloui. Madame, je donnerais ma vie pour vous voir danser toute une nuit !

— Mon ami, votre vie... L'État a trop besoin de vos talents pour vous perdre ainsi. Je ne vous laisserai jamais faire pareille bêtise.

Bernadotte, troublé lui aussi, ne dit mot. Il n'avait jamais ouvert son cœur à Juliette, mais son assiduité ainsi que l'attention qu'il lui accordait ne dupaient personne. Eugène et Philippe, enflammés, tapaient dans les mains, les femmes, elles aussi, offraient une véritable ovation à leur amie.

— Ne trouvez-vous pas cela magnifique ! s'exclama Mathilde, sans prendre garde à qui elle s'adressait.

— La grâce de votre cousine, chère Mathilde, n'a d'égale que la vôtre, chuchota une voix si proche d'elle qu'elle en sentit le souffle sur sa nuque.

Surprise, Mathilde se retourna vivement. Elle se trouva nez à nez avec Fouché. Mathilde ne le prit pas au sérieux. Elle lui sourit puis s'éloigna, se mêlant au flot des invités ; la fraîcheur du début de soirée commençait à se faire sentir.

Les petits groupes avaient repris leurs conversations. Philippe et Eugène s'intéressaient maintenant à la Banque de France et questionnaient M. Récamier :

— Vous êtes l'un des régents[1], me semble-t-il ? demanda Philippe de Ségur.

— C'est exact, répondit Récamier.

1. M. Récamier était le neuvième régent de cette nouvelle Banque de France. Il le restera jusqu'en 1806.

— Le Consulat est-il partie prenante dans cette affaire ? s'intéressa Eugène.

— Depuis de nombreuses années, nous, hommes de finances, demandions la création de cet établissement. Le Premier consul nous en a donné les moyens en allouant trente millions de francs à ce projet, mais sachez bien que la Banque de France demeure une société entièrement privée.

— Privée ? J'aurais cru que la gestion de cet établissement serait attribuée à l'État. Ses missions ne sont-elles pas de sa responsabilité ?

— Nous y avons réfléchi longuement, il se peut que les choses changent, mais non, aujourd'hui, cet organisme est bel et bien privé.

— Je suis moins au fait que mon ami Beauharnais pour les choses de finances, intervint Philippe. Mais quel est son rôle ?

— Mon cher ami, la Banque de France est un établissement différent d'une banque classique. Après toutes ces années de crise, notre économie est au plus bas et cette organisation aura pour mission de la relancer. Elle pourra prêter de l'argent aux banques commerciales, qui pourront elles-mêmes réaliser des prêts aux particuliers. D'autre part, elle aura le privilège de pouvoir augmenter la quantité de monnaie, en mettant en circulation des billets de banque. Nous nous limiterons dans un premier temps à l'émission de billets à Paris, mais nous espérons rapidement obtenir ce droit pour toute la France[1].

Après une courte pause, Récamier reprit :

— Une fois cet établissement créé, l'objectif suivant sera de stabiliser notre monnaie, car le franc est trop fluctuant et rend nos actions d'investissements imprévisibles et risquées.

Tandis que Récamier poursuivait ses explications, le peintre David félicitait Juliette pour sa splendide prestation. Il lui faisait aussi part de son plaisir de la recevoir le lendemain dans son atelier, pour la première pose du portrait que M. Récamier avait commandé.

— Après de nombreuses esquisses, j'ai maintenant une idée précise de ce que sera cette œuvre. J'ai bien compris que vous aviez aussi des

1. Droit que la Banque de France obtiendra en 1848 (soit quarante-huit ans plus tard).

exigences sur votre image, chère Juliette[1]. Il serait donc important que nous en parlions ouvertement. Cela vous conviendrait-il ?

— Mais avec joie, j'en suis impatiente !

— Vous allez aimer. Mon idée est complètement novatrice. Tout d'abord, votre portrait sera horizontal.

— Horizontal ? En effet, c'est assez inattendu !

Juliette avait raison. Traditionnellement, le format des portraits était toujours vertical, tandis que celui des scènes historiques, des paysages, était plutôt horizontal.

— Absolument, horizontal. Vous allez marquer l'histoire, Juliette, l'idée m'est venue tant votre renommée est grande ! De plus, ce portrait sera en pied, car je vous souhaite en entier sur ma toile, votre visage est indissociable de votre corps, de votre cœur et de votre esprit.

— Mon corps en pied pour un portrait ? Vous allez dérouter M. Récamier !

— Votre posture sera sobre et majestueuse, fidèle à la réalité. J'ai commandé aux établissements Jacob frères de concevoir une méridienne sur laquelle vous prendrez une pose antique. Le velours jaune-or de ce meuble ensoleillera le blanc de votre robe. Votre corps sans artifice sera révélé par un fond sombre et dépouillé[2].

— Ce que vous me dites là attise ma curiosité. Parlons-en demain. Ma jeune cousine m'accompagnera, elle sera heureuse de visiter votre atelier.

Mathilde, de son côté, avait esquivé Fouché de son mieux pour rejoindre un petit groupe autour de Mme de Staël. La baronne lisait un passage de son dernier livre, intitulé *De la littérature considérée dans ses rapports avec les institutions sociales*[3].

— Ce livre m'a ensorcelé, avoua La Harpe. Que d'idées neuves ! Je suis admiratif de votre interprétation de la théorie des climats. Montesquieu aurait été ravi de vous lire !

---

1. Très tôt, Juliette Récamier fut connue pour contrôler son image, ne laissant à personne la possibilité d'utiliser ses portraits sans son autorisation.
2. Ce tableau inachevé est aujourd'hui au Louvre.
3. Publié en 1800, *De la littérature considérée dans ses rapports avec les institutions sociales* fut le premier grand livre de Germaine de Staël ainsi que l'un des plus importants de ce début du XIXe siècle.

— Vos compliments me touchent, Jean-François. Vos jugements sont d'ordinaire si sévères, s'émut Germaine.

La théorie des climats faisait un parallèle entre la littérature d'un peuple et sa civilisation. Elle avait déjà été évoquée dans l'Antiquité par Aristote et Hippocrate. Montesquieu y faisait largement référence dans son traité *De l'esprit des lois*, où il écrivait : « Ce sont les différents besoins dans les différents climats qui ont formé les différentes manières de vivre ; et ces différentes manières de vivre ont formé les diverses sortes de lois[1]. »

— Je suis d'ailleurs accablée des conséquences qu'auront les dix années de Terreur que nous venons de vivre sur l'imaginaire des auteurs. Elles ont tué nos espoirs, balayé les libertés et les rêves qu'avaient fait émerger nos philosophes : Montesquieu, Voltaire, Diderot, Rousseau et Beaumarchais… Il est impossible de dissocier les événements politiques et sociaux des œuvres d'une époque. Aujourd'hui, nous voulons la liberté et nous y avons droit. Liberté de vivre, liberté de penser, liberté d'aimer… Je ne vous le dirai jamais assez, mes amis !

— À vouloir trop de libertés, Mme de Staël risque d'y perdre la sienne, glissa à nouveau Fouché à l'oreille de Mathilde. Vous qui êtes de ses proches, ma belle, vous devriez lui en souffler un mot.

Fouché avait cette fois délicatement saisi sa main et la serra fort. Mathilde s'empourpra et tenta de la retirer. Mais le ministre la maintint et la posa sur son cœur. Prise de panique, Mathilde réussit à la retirer et s'enfuit sur la terrasse. Elle courut au fond du jardin pour reprendre ses esprits, loin des regards.

Ce n'était pas possible. Qu'avait-il donc fait là ? Elle devait se tromper. Ce conspirateur qui avait ruiné sa famille et jouissait de ses intrigues ne pouvait convoiter la jeune fille pure qu'elle était !

Elle entendit à nouveau des pas derrière elle. Terrorisée, elle se figea, ferma ses yeux, ses poings et attendit. Deux grands bras l'enveloppèrent. C'était encore lui : le Mitrailleur de Lyon ! Elle resta muette, il ne parlait pas non plus. Il la serra contre lui, sa respiration était bruyante. Mathilde sentait les mouvements réguliers

1. Montesquieu, *De l'esprit des lois*, livre XIV, Paris, Firmin Didot Frères, 1862, p. 195.

de sa poitrine, ainsi que son souffle tiède sur sa nuque. Elle était là, telle une proie, dans l'étreinte de cet homme qui la dégoûtait. Juliette l'avait pourtant avertie d'être prudente. Elle se demandait ce qu'elle avait pu faire pour se retrouver dans cette situation. Elle n'avait pourtant pas commis d'impair, elle cherchait...

Enfin, Fouché parla posément :

— Ma tendre Mathilde, n'ayez crainte, je ne vous veux que du bien. Depuis que je vous ai vue pour la première fois au souper chez Lucien Bonaparte, vous n'avez plus quitté mes pensées... Ma chère beauté, ma merveilleuse, dites-moi quelque chose, dites-moi que vous ne m'en voulez pas.

Mathilde ne savait que répondre, la panique qui l'avait gagnée la laissait sans voix. Soudain, elle trouva une parade :

— Mais, monsieur... si l'on nous voyait !

— Mathilde, Mathilde, cela m'est bien égal, répondit-il, mettant un genou à terre, comme pour la supplier ou rendre sa déclaration éloquente.

Cet homme était sans doute l'homme le plus manipulateur de France et Mathilde le savait. Sur ses gardes, elle ajouta :

— Mais, monsieur, vous pourriez être mon père, pensez à votre famille. Cette soirée très animée vous fait perdre la raison...

La scène était ridicule. Cet homme, ministre de la Police, marié, de vingt-cinq ans son aîné, genou à terre, était grotesque.

— Vous me faites perdre la raison, ma belle Mathilde. Pensez à mon désarroi, quelque affection venant de vous me libérerait. Je vous en prie, dites quelque chose !

Mathilde devait trouver une nouvelle échappatoire. Elle se souvenait des conseils de Jacques-Rose : « ne pas éconduire brutalement un homme puissant afin d'éviter ses représailles ». La jeune fille souhaitait absolument prévenir toute déconvenue aux Récamier. Ils avaient été si généreux... Que faire ? Le chef de la police est tout aussi important que le ministre de l'Intérieur... Elle hésita. « Lui offrir ma main, mais qu'en fera-t-il ? » Plus simplement, elle prit le parti de simuler un évanouissement et se laissa tomber à terre.

Fouché, inquiet, releva sa tête et lui tapota les joues. Il bredouillait des mots doux, mais, angoissé de ne pas la voir revenir à elle, il hésita entre la laisser là et s'enfuir ou alerter Récamier. Il opta pour la seconde option et alla prévenir le maître de maison. Il se doutait qu'il serait d'une totale discrétion.

En effet, Récamier, aussitôt informé, ne perdit pas de temps en questions inutiles. Il transporta sa jeune cousine dans sa chambre tandis que Fouché rejoignit les invités.

Mathilde était un peu pâle et avait les mains tremblantes, son cœur palpitait.

— Mon cousin, je ne suis pas mal, rassurez-vous, j'ai feint cet évanouissement, ne sachant plus comment me libérer !

— Mathilde, que dites-vous là ? Vous vous sentez bien ? Fouché vous aurait-il fait quelques avances ?

— Oui. Ses propos ont été très directs et ne m'ont laissé aucun espoir...

Récamier était sidéré.

— Mais rassurez-vous, j'ai bien agi, tel que vous l'aviez conseillé à Juliette, je n'ai rien cédé, sans le heurter. J'ai préféré m'évanouir pour gagner du temps.

— Vous avez très bien fait, mignonne ! Grâce à Dieu, vous êtes futée. Manipuler ce manipulateur... Je ne saurais moi-même comment m'y prendre. En attendant, restez ici, ne redescendez pas à la soirée. Nous en reparlerons demain, dormez bien.

Comme un père, il déposa un baiser sur son front et quitta la pièce.

Dans la pénombre de sa chambre, les larmes de Mathilde coulèrent. Ses émotions la torturaient, elle n'arrivait pas à trouver le sommeil et tentait d'identifier la faute qu'elle avait pu commettre pour se retrouver dans cette situation. Fouché était ministre de la Police, c'était un homme redoutable. Ses parents lui manquaient tellement, ils n'étaient plus là pour la rassurer, la consoler. Elle aurait préféré, à cet instant, n'avoir jamais quitté son couvent de la Déserte. Elle se sentait seule et désespérée.

Les derniers invités repartis, Récamier retrouva son épouse dans sa chambre. Il resterait dormir à Clichy. Cette situation exceptionnelle l'exigeait.

— Cette soirée fut superbe, n'est-ce pas ? s'extasia Juliette.

— D'une certaine manière, oui... répondit-il du bout des lèvres.

— Vous n'êtes pas très enthousiaste ! Ce n'est pas votre habitude, s'étonna-t-elle. Que se passe-t-il ?

— C'est que... Comment dirais-je, nous avons un nouveau problème : Joseph Fouché.

— Fouché ? s'étonna Juliette.

— Imaginez qu'il a fait une cour effrénée à Mathilde. Heureusement, cette petite est intelligente. Elle a fait semblant de s'évanouir pour se sortir de là. Fouché est venu me trouver. À peine l'avais-je portée dans sa chambre qu'elle m'a tout raconté.

— Que lui a-t-il fait ? s'empressa de demander Juliette.

— Pour l'instant, rien ! Mathilde a eu la présence d'esprit d'interrompre ce malencontreux tête-à-tête.

— Décidément, mon pauvre ami, nous ne sommes pour vous que source de contrariétés.

— Ne vous inquiétez pas, mon ange, ces choses se règlent avec patience. Il est vrai que Fouché n'est pas un adversaire facile. Nous trouverons une solution. Je compte sur vous pour prendre soin de votre cousine. La pauvre petite était désemparée lorsque je l'ai laissée dans sa chambre.

— Je la soutiendrai, n'ayez crainte. Demain, nous nous rendons à l'atelier de David, qui travaille à mon portrait, je vous en reparlerai.

7

Consul, certes, mais guerrier d'abord !

Mai 1800

Le pays était en paix. Depuis sept mois, Napoléon Bonaparte travaillait à rétablir l'ordre et à reconstruire la France. Les réformes se succédaient pour que les consuls puissent gouverner.

Si Bonaparte était un militaire, la guerre n'était pas sa seule ambition. Il voulait que l'histoire retienne son nom autrement que sur les champs de bataille. Officiellement, trois consuls devaient diriger le pays. En réalité, Bonaparte gouvernait la France seul, sans avoir hérité du trône de son père comme un roi ni avoir été élu par la population comme un président.

À l'instar de tout homme qui conquiert le pouvoir par lui-même, il craignait que ses adversaires lui reprochent de ne pas le mériter. Combien de temps le peuple de France, éternellement insatisfait, serait-il content de lui ? Son principal objectif était désormais de pérenniser sa présence à la tête de l'État pour continuer son action et empêcher que tout ce qu'il avait entrepris ne retombe dans le néant.

Il était convaincu qu'il pouvait à tout moment être renversé par ses opposants ou faire l'objet d'un attentat ; il ne manquait pas d'ennemis : les royalistes le considéraient comme un usurpateur, les jacobins et les républicains le contestaient tout autant. Bonaparte savait qu'il avait une épée de Damoclès au-dessus de la tête, dont la lame pouvait avoir un effet tout aussi tranchant que la guillotine.

N'étant pas un homme à attendre que le destin choisisse pour lui, Napoléon avait très longuement réfléchi à cette question. Il devait mener une politique toujours plus conquérante afin de convaincre la population qu'il était et serait toujours le premier des Français.

— Et comment un soldat accède-t-il à la gloire ? demanda Mme Récamier à sa meilleure disciple.

— En gagnant la guerre, répondit Mathilde. C'est donc vrai, Juliette, Bonaparte repart en guerre ?

— Malheureusement, c'est exact. Lucien me l'a encore confirmé cet après-midi, « la guerre a porté mon frère au pouvoir, son pouvoir dépend de sa gloire et sa gloire de ses victoires. La guerre va donc continuer », affirma Juliette en citant le ministre de l'Intérieur.

— Ils vont donc tous partir pour l'Italie ? questionna Mathilde, la voie nouée.

— Je n'en serais pas surprise. L'armée doit résister à la nouvelle coalition formée par les Autrichiens et les Russes[1] et il est probable que nos amis militaires soient réquisitionnés.

— Tous ? s'inquiéta Mathilde.

— Certainement, répondit Juliette. Je pense aux généraux Moreau et Desaix, que vous n'avez pas encore eu le temps de bien connaître, mais aussi à Eugène de Beauharnais, Philippe de Ségur, au général Murat, l'époux de Caroline Bonaparte... Ils iront rejoindre les généraux Soult, Suchet et Masséna, qui s'y trouvent déjà.

— Eugène de Beauharnais et M. de Ségur ? répéta la jeune fille, désespérée. Je l'avais pressenti.

Le désarroi de Mathilde n'échappa pas à Juliette qui avait remarqué la proximité des jeunes gens.

— Et ce cher M. Monge ? Sera-t-il convié comme lors de la première campagne d'Italie ? Pensez-vous que notre Premier consul

1. Cette deuxième coalition était organisée à l'instigation de l'Angleterre. Elle rassemblait la Russie, l'Autriche, la Suède, la Turquie, les Deux-Siciles et quelques princes allemands.

associera à cette nouvelle guerre une expédition de savants comme il l'a fait en Égypte ?

Mathilde s'inquiétait déjà pour ceux qui avaient gagné son affection.

— Je ne puis vous en dire plus, Mathilde, mais rassurez-vous ! Si M. Monge faisait partie de l'équipée, il ne serait pas en première ligne en tant que scientifique.

— Ce que vous me dites me rassure... Mais je suis soucieuse et l'idée de ne plus les côtoyer pendant plusieurs mois m'attriste énormément.

Juliette fut émue de voir combien Mathilde s'était attachée à ses nouveaux amis.

— Et M. Fouché ? s'exclama Mathilde, une lueur dans les yeux, espérant qu'ainsi il la laisserait tranquille.

— Malheureusement non, répondit Juliette, qui comprenait bien le souci de la jeune fille. Fouché est le ministre de la Police. Il est fort utile à la sécurité intérieure du pays, en particulier lorsque Bonaparte est hors de France.

— Il est grand dommage que le Premier consul n'ait pas pensé à lui pour d'autres fonctions. Cela m'aurait ôté le lourd poids...

— Ma petite Mathilde, comme Jacques-Rose l'avait prédit, l'ardeur de Lucien s'étiole peu à peu. Après un an de cour très assidue, il est toujours présent mais devient moins pressant. Tentez de garder vos distances, de rester aimable et d'être patiente.

— Je comprends, Juliette, mais Fouché n'est pas Lucien... et je ne puis faire abstraction du passé. Il a nui à ma famille et ne s'en doute même pas. Cet homme me fait peur, je ne puis m'empêcher de le voir comme l'assassin qu'il a été à Lyon et comme le manipulateur qu'il est à Paris. Qu'ai-je donc fait pour qu'il s'intéresse à moi ? questionna-t-elle, au bord des larmes.

— Vous êtes tout simplement vous. Une très jolie jeune fille spontanée et pleine d'esprit, lui répondit Juliette. Pour une fois, je suis d'accord avec lui.

— Vous vous moquez ! Ce qui me tourmente aussi, c'est que cet homme est rusé. Et je crains de vous mettre, M. Récamier et vous, dans une situation embarrassante.

Juliette entendit les inquiétudes de Mathilde.

— Sachez que Jacques-Rose et moi-même sommes admiratifs de votre comportement face à Fouché. Si cela peut vous rassurer, aussi malsain soit-il, il n'est pas connu pour ses conquêtes féminines. Cet élan amoureux doit le désemparer lui-même.

* *
*

Le vendredi 2 mai 1800[1], Juliette Récamier et Mathilde retrouvèrent Germaine pour son salon, rue du Bac. Mathilde s'était rapidement éloignée pour aller rechercher un ouvrage dans la bibliothèque. Juliette en profita pour conter à son amie la semaine difficile qu'elles venaient de passer : un à un, tous leurs amis enrôlés dans la campagne d'Italie étaient venus faire leurs adieux. Mathilde avait été particulièrement touchée par la requête de Philippe de Ségur.

— Il lui a demandé la permission de lui écrire, dit Juliette, l'air attendri.

— Et son Fouché ? Comment va le Fouché de Mathilde ? demanda Germaine.

— Amoureux ! Je ne le reconnais pas. Tous les deux jours, il vient lui rendre visite à Clichy et n'a jamais été aussi élégant. Il sent bon l'eau parfumée et déborde d'attentions et de gentillesse ! Dès qu'elle apparaît, on dirait un petit garçon !

— Je n'en crois rien ! s'amusa la baronne. Vous me parlez bien de Fouché ?

Juliette remuait de la tête en signe d'approbation, mais se ressaisit quand Mathilde s'approcha.

— Germaine, Juliette, regardez M. Monge qui entre. Comme je suis heureuse de le voir ici !

Monge arriva accompagné d'un jeune homme qui la dévisagea.

— Ma belle Mathilde, répondit Monge, ravi de la retrouver. Comment allez-vous ?

— Je suis contente que vous ne soyez pas en Italie !

1. 12 floréal an VIII.

— Cette campagne se fera sans moi. Je le regrette un peu, mais mes cours à l'École polytechnique[1] et mes fonctions au Sénat me retiennent à Paris.

Mathilde regardait le jeune homme qui l'accompagnait.

— Mais je ne suis qu'un butor, je ne vous ai pas présentées, mesdames. Voici mon ami Xavier Bichat.

Bichat salua les trois femmes avec élégance. C'était un bel homme de trente et un ans, élancé. Il avait le teint clair, les cheveux bruns et les yeux très noirs. Rien ne semblait échapper à ce regard intense.

— Puisque nous avons la chance de vous avoir parmi nous, je devine que vos fonctions ne sont pas militaires, dit Mathilde.

— C'est exact, je suis médecin à l'Hôtel-Dieu et professeur de médecine, chère mademoiselle.

— Et il fait des recherches sur l'anatomie et la physiologie des corps humains, ajouta Monge. Cet homme est remarquable. Ses travaux sur l'autopsie et l'expérimentation physiologique sont exceptionnels.

— Les médecins ont la chance de sauver des vies, tandis que les militaires les détruisent. Quelle divine profession que la vôtre ! ajouta Juliette d'une voix empreinte de sagesse.

— Il ne vous dit pas qu'il est également l'auteur d'ouvrages prestigieux qui sont désormais des références, souligna Gaspard Monge.

— Je vous en prie, vous êtes beaucoup trop élogieux, répondit Bichat avec une sincère modestie.

— Votre travail doit être passionnant, reprit Juliette.

— Je ne vous cache pas, madame, que c'est effectivement le moteur de ma vie. Mais l'hôpital est un lieu parfois aussi éprouvant qu'un champ de bataille, car nous y côtoyons la souffrance. Nous sommes loin de réaliser tous les miracles que nous souhaiterions, malgré les progrès de la science... Hélas, j'ai vu mourir beaucoup de gens, parfois très jeunes. Mais quand nous parvenons à faire un croche-pied à la mort, cela nous redonne l'amour de notre métier et le courage de nous y dévouer pleinement.

---

1. À la suite du décret du 11 mars 1794, Monge organisa, avec la collaboration de Lamblardie et Carnot, une nouvelle école qui prit le nom d'École polytechnique par la loi du 1er septembre 1795. Il y enseignait la géométrie.

Monge observait Mathilde, attentive et émue d'écouter le jeune médecin.

— Mesdames, vous n'allez pas le croire, mais M. Bichat vient lui aussi de notre belle ville de Lyon !

— Je suis lyonnais d'adoption, pour être exact. Je suis né dans le Jura, un petit village qui s'appelle Thoirette, mais j'ai fait mes études de médecine à Lyon jusqu'au siège de la ville en 1793. La terrible répression menée par notre actuel ministre de la Police m'en a fait partir et j'ai terminé mes études à Paris.

En entendant Bichat parler, Mathilde baissa les yeux et rougit. Une fois encore, la mauvaise réputation de Fouché la rattrapait. Elle souffrait de l'avoir séduit malgré elle et ne parvenait pas à éprouver la moindre indulgence à son égard.

— Quels sont vos sujets de recherche ? s'enquit Juliette.

— Ce n'est pas simple à définir en quelques mots, dit Monge pour secourir Bichat.

— Mais nous avons tout notre temps, répondit la malicieuse Mathilde.

— Tout peut s'expliquer simplement, répliqua Bichat avec bienveillance. Cependant, je ne voudrais pas vous ennuyer.

— Ces sujets me passionnent, reprit Germaine qui entraîna tout son monde prendre place dans la bibliothèque.

— Mes travaux consistent actuellement à rédiger un traité que je vais nommer *Recherches physiologiques sur la vie et la mort*.

— La physiologie ? interrogea Mathilde. Vous en avez déjà parlé il y a quelques minutes, mais je n'ai pas saisi de quoi il s'agissait.

— Oui, la physiologie. C'est une science nouvelle qui étudie les fonctions et les propriétés des organes et des tissus des êtres vivants.

— Mais encore, monsieur Bichat ? Nous ne sommes pas sûres de comprendre, reprit Juliette.

— Voyez-vous, notre corps est constitué de différents organes qui ont chacun une fonction. Par exemple, le cœur assure la circulation du sang, le foie permet de le purifier, les reins s'occupent de la filtration pour rejeter dans l'urine les déchets dont le corps ne veut pas. Par ailleurs, ces organes sont formés de différents tissus. Nous nommons physiologie l'étude des fonctions des organes et de leurs tissus.

— Les tissus ? questionna Germaine.

— Oui, regardez par exemple de près la peau de votre main. Elle est constituée de millions de petits éléments que l'on appelle des cellules. Chacune est différente en fonction des tissus. Observez maintenant celles qui tapissent votre langue ou l'intérieur de votre joue... Vous voyez qu'elles sont différentes.

— Et vous décrivez chacune d'elles ? interrogea Mathilde.

— Exactement, à travers cet ouvrage je tente de démontrer que la vie est l'ensemble des fonctions qui résistent à la mort.

— « La vie est l'ensemble des fonctions qui résistent à la mort »... Je n'y avais jamais songé de cette manière. Mais dans vos travaux, arrivez-vous à démontrer comment la mort se propage d'organe en organe ou même encore de tissu en tissu ? demanda Juliette.

— Vous avez mis exactement le doigt sur le sens même de mes recherches, répondit Bichat, impressionné par la vivacité d'esprit de la jeune femme.

— Mon cher Xavier, je vous l'avais dit ! s'exclama Monge. Ces dames sont époustouflantes. Je suis sûr que la physiologie de leur cerveau est exceptionnelle ! Quelle chance vous avez d'être le spécialiste d'une science qui passionne. J'ai bien moins de succès avec mes mathématiques. La géométrie analytique ou descriptive ou encore l'analyse infinitésimale n'amusent que mes élèves et moi !

Un rire général salua la remarque de Gaspard Monge.

— Ce qui me surprend toujours, c'est la différence entre l'activité de la vie et l'inertie de la mort. Qu'est-ce qui se passe dans cette petite seconde qui sépare ces deux états ? reprit Juliette.

— C'est une question bien difficile que vous me posez là ! Je ne suis pas sûr que quiconque puisse, aujourd'hui, vous répondre de manière précise.

— L'Église peut-être, plaisanta à nouveau Monge.

En fin d'après-midi, Mathilde et Juliette regagnèrent leur résidence d'été à Clichy. Il était près de 6 heures lorsqu'elles arrivèrent au château. La lumière commençait à fléchir et la fraîcheur envahissait peu à peu les jardins.

Dès leur arrivée, Basile, le majordome, apporta un courrier à Mathilde et celle-ci se retira dans sa chambre pour le lire.

Une heure plus tard, Juliette, allongée comme à son habitude sur la méridienne bleu pâle du grand salon, vit redescendre la jeune fille, sa missive à la main.

— Juliette, je viens de recevoir une lettre de M. de Ségur. Je l'ai lue et relue. C'est la première fois que je reçois une lettre qui ne soit pas écrite par un membre de ma famille. Je ne vous cache pas qu'elle me procure une vive émotion. Je souhaiterais cependant vous la lire, car je pense qu'elle peut vous intéresser. M. de Ségur y décrit les mouvements de l'armée de Napoléon. Le voulez-vous ? proposa Mathilde.

— Avec plaisir, si cela n'est pas trop indiscret ! plaisanta Juliette en refermant son livre.

Mathilde s'assit auprès d'elle et, le dos bien droit, prit sa respiration et commença sa lecture :

De Philippe de Ségur à Mathilde Hamelin
Aux bons soins de Monsieur le Secrétaire d'État Maret
Château de Clichy, par Clichy-la-Garenne
Le 8 mai 1800

Ma chère Mathilde,

J'ai tardé, chère amie, à envoyer cette première missive, car depuis mon départ le temps nous est compté et les expéditions de courrier sont rares. Nous avons peu de temps à consacrer à nos occupations personnelles : vivre aux côtés de notre Premier consul nous demande une disponibilité de chaque instant. Je prends donc quelques heures sur mon sommeil afin de vous écrire plus tranquillement.

Vous êtes mon lien le plus précieux avec ce monde qui m'est cher, un monde de paix, car ici nous allons connaître la guerre.

Depuis mon départ, mon esprit n'a cessé de songer au ton de ma lettre. Tantôt je crains d'avoir été trop audacieux en vous demandant la permission de vous écrire, tantôt je m'enorgueillis d'avoir eu ce courage. Imaginer vos yeux se poser sur mes mots, Mathilde, rien ne peut m'être plus agréable.

Mais s'il advenait, pour quelque raison que ce soit, que vous souffriez de la lecture de mes lettres, un seul billet de vous et je cesserais immédiatement.

Je frémis, néanmoins, à l'idée de vous perdre, belle Mathilde, mais votre volonté guidera mon action.

J'aimerais vous inspirer l'envie de mieux me connaître ; la vie nous a séparés trop tôt. Puissent ces missives être un moyen d'obtenir votre amitié et votre confiance.

Permettez-moi également de vous conter dans le détail mes journées de soldat, journées qui marqueront à jamais ma vie d'homme. Nous partageons ici, avec le Premier consul, des moments exceptionnels.

J'ai le bonheur d'avoir été assigné, tout comme mon ami Beauharnais, à l'état-major du Premier consul. C'est la place où il faut être, car c'est le lieu où tout se décide : les stratégies d'attaque de chaque bataille, la conception des manœuvres et les conditions de leur mise en œuvre.

Mon grade de sous-lieutenant m'a valu d'être désigné comme officier d'ordonnance. Mon rôle, lorsque nous arriverons sur les places de combat, sera d'assurer le lien entre l'état-major et les différents corps d'armée afin de transmettre les ordres de Napoléon Bonaparte à ses généraux durant les batailles.

Je ne vous cache pas que cette position fort honorable me ravit. Elle me permet de connaître le feu de l'action et la stratégie de la guerre sans pour autant m'exposer trop directement aux dangers des champs de bataille. D'autres n'ont pas ma chance et occupent, hélas, des positions beaucoup plus périlleuses.

Nous avons fait trois jours d'étape à Dijon. Là, Napoléon Bonaparte a constitué une armée de réserve de vingt mille hommes. Nous avons quitté cette ville hier matin très tôt, il devait être 6 heures. Nous marchons maintenant en direction des Alpes. Partout, nous croisons des soldats en route vers leurs différents corps d'armée. Ces déplacements d'environ neuf à dix lieues[1] *par jour sont épuisants. Mais je suis agréablement surpris de voir combien les troupes sont enthousiastes. Des anciens de la première campagne d'Italie parlent avec tant d'admiration de Napoléon qu'ils ont hâte de revenir sous ses ordres. Ce soir, nous nous sommes installés, en bivouac, non loin de Dôle.*

Malgré l'enthousiasme des hommes, les journées sont harassantes. Je vous assure qu'un bon soldat est avant tout un bon marcheur.

---

1. Lieue : unité de longueur ancienne utilisée en Europe et en Amérique latine. Elle varie en fonction des pays et des régions, mais elle a pour origine la distance qui peut être parcourue par un homme à pied ou à cheval pendant une heure. Elle est donc évaluée aujourd'hui à quatre kilomètres.

Nous devons presser le pas pour gagner l'Italie au plus tôt. Le général Masséna se bat comme un beau diable, mais il a besoin de renforts. Moreau, chargé de faire diversion en attaquant l'Autriche par le sud de l'Allemagne, a du retard. La présence des Français au nord devait imposer aux Autrichiens de rapatrier leurs hommes dans cette région, et donc de diminuer leurs forces contre Masséna. Malheureusement, le général Moreau a tergiversé et le gros des armées autrichiennes est toujours en Italie, ce qui ne facilite pas la tâche des Français en sous-nombre. Masséna ne peut tenir plus longtemps. Nous devons arriver au plus vite, ce qui explique le rythme épuisant qui nous est imposé. J'ai beaucoup de chance d'être à cheval et de pouvoir m'entretenir, sur ces longues routes, avec mon ami Beauharnais. Il occupe la position d'aide de camp de Napoléon Bonaparte, son beau-père.

Il se fait tard, belle Mathilde, je vais devoir vous dire adieu. Je ne sais si j'oserais vous demander, pour mon plus grand bonheur, de m'écrire en retour ?

Les missives sont rares, aussi est-ce une faveur supplémentaire que d'être l'ami de Beauharnais. Je peux profiter des transports de courriers officiels en confiant les miens à Eugène. Les lettres sont ensuite transmises au secrétaire d'État, Maret, chargé de la correspondance militaire.

Si vous souhaitiez me répondre, ayez la gentillesse d'adresser votre courrier à Maret avec les indications suivantes :

Lieutenant Philippe de Ségur, Officier d'ordonnance, aux bons soins du Lieutenant Eugène de Beauharnais, Aide de Camp du Premier consul – Armée d'Italie.

Je ne saurais vous décrire le bonheur de vous lire, belle Mathilde, vous qui êtes à la fois si loin et si proche dans mon cœur. Vos lettres me permettraient de me remémorer les quelques après-midi et soirées passés avec vous, souvenirs qui me portent au quotidien.

L'heure avancée de la nuit me contraint malheureusement à vous quitter. Adieu, ma tendre amie, que la Providence nous épargne la souffrance.

Ph. de S.[1]

— Qu'il semble désemparé ! s'inquiéta Mathilde.

— Il est surtout amoureux de vous, nota Juliette.

1. Pour les besoins de la fiction, Philippe de Ségur participe dans ce roman à la campagne d'Italie. En réalité, il prit part à la campagne des Grisons.

Mathilde rougit et baissa les yeux. Elle s'avança en silence vers la fenêtre. Il faisait nuit et elle ne pouvait plus voir le jardin, déjà fleuri à cette époque. Juliette la réconforta :

— Ne vous inquiétez pas, Mathilde, Philippe a obtenu une des meilleures positions qu'il pouvait espérer. L'état-major est toujours à quelque distance de la bataille et des canons. Et en tant qu'officier d'ordonnance, son rôle est d'apporter des messages, non de se battre directement avec l'ennemi. Rassurez-vous, ma tendre cousine, bientôt vous le retrouverez.

* *
*

La vie de Mathilde s'organisait entre les visites ennuyeuses de Fouché et les lettres passionnantes de Philippe. Après les avoir lues dans l'intimité de sa chambre, elle les partageait avec Juliette et Jacques-Rose.

Grâce aux courriers de Mathilde, les Récamier étaient, dans leur château de Clichy, avec Cambacérès et Joséphine, les Parisiens les mieux informés de la seconde campagne d'Italie.

La jeune fille se gardait de révéler quoique ce fût à l'intrigant Fouché. Malgré les nombreux espions dont il disposait dans tout Paris, le chef de la police n'était pas informé de la correspondance des deux amis.

Les époux Récamier s'amusaient de la tendresse grandissante des lettres du lieutenant Ségur. Mathilde lui répondait, mais elle avait choisi de ne pas mettre ses cousins dans la confidence de ses réponses.

Le courrier daté du 4 juin fut marqué par l'avancée rapide des opérations militaires. L'armée entière, quarante mille hommes, soldats, officiers, chevaux, artillerie et toute l'intendance traversèrent les Alpes en six jours, du 16 au 22 mai 1800. Ils l'avaient fait en un point réputé extrêmement difficile, juste à la bordure de la frontière italienne, au niveau du col du Grand-Saint-Bernard. Un jeune berger avait servi de guide et un couvent au sommet du col fut transformé en base de ravitaillement pour les soldats.

— Après avoir marché sur les traces d'Alexandre le Grand en Égypte, voilà que notre Premier consul traverse les Alpes sur les pas d'Hannibal. Il ne lui manque que les éléphants ! plaisanta Jacques-Rose.

— Philippe m'écrit que l'ascension pour les officiers se fait à dos de mulet, car les chevaux sont trop fougueux pour être montés sur les sentiers de montagne. Je n'imagine pas comment des éléphants ont pu se mouvoir sur des passages aussi accidentés, s'étonna Mathilde.

À cette époque de l'année, il faisait encore froid sur les hauteurs[1] couvertes de glace et de neige. La descente fut plus aisée que la montée. Les soldats se laissèrent glisser sur la neige, portés par un enthousiasme qui décuplait leurs forces. Philippe ne doutait pas qu'il leur avait été communiqué par leur chef.

Pour motiver les troupes, Bonaparte rejoignait souvent leur bivouac, abandonnant son quartier général qui avait le confort relatif d'une habitation réquisitionnée.

Les Italiens accueillirent les troupes françaises comme des sauveurs. Le 2 juin, l'armée d'Italie entrait dans Milan. Toute la population accourut et des acclamations vinrent soutenir les efforts des soldats français.

— Ils ne sont donc restés que quelques jours à Milan, nota Mathilde, car ils devaient rapidement apporter du renfort à Masséna, retenu à Gênes par les Autrichiens qui faisaient le siège de la ville. Son armée avait déjà été dévastée par la famine et les épidémies.

— Je comprends la stratégie de Napoléon, commenta Récamier qui réfléchissait tout en parlant. Moreau, avec son retard, a fait supporter le poids de ses hésitations au pauvre Masséna.

— C'est exactement cela, reprit Mathilde qui se démenait avec les différentes feuilles de son courrier.

— Je n'aimerais pas être à la place de Moreau, reprit Récamier. La colère de Bonaparte va être terrible !

La lettre suivante arriva le 18 juin. Elle fut lue selon le même cérémonial que les précédentes, après le souper, les époux Récamier bien installés dans la bibliothèque.

1. Le col du Grand-Saint-Bernard culmine à 2 469 mètres d'altitude.

De Philippe de Ségur à Mathilde Hamelin
Aux bons soins de Monsieur le Secrétaire d'État Maret
Château de Clichy, par Clichy-la-Garenne
Le 11 juin 1800

Ma douce et chère amie,

Quels charmants propos vous savez tenir, ma belle Mathilde, au simple soldat que je suis. Quels plaisirs me procurent ces tendres et attentives paroles ! Elles accompagnent mes pensées tout au long de ces journées. Sachez que votre ami sincère s'efforce d'être héroïque pour vous plaire.

Je multiplie mes chevauchées afin d'exécuter les ordres du Premier consul. Je dois l'avouer, je suis impressionné par la stratégie de guerre exceptionnelle de ce général de génie.

Mon rôle est d'autant plus important que le général Bonaparte révolutionne l'art militaire par de nouvelles méthodes. Il a créé des formations qu'il a appelées des « corps d'armée ». Chaque corps d'armée est une unité militaire, commandée par un général. Chacun emprunte un itinéraire différent et doit être, tout au plus, séparé des autres par une journée de marche. Ainsi, en cas de commandement, ils peuvent se rassembler très rapidement en un point donné pour livrer bataille.

Vous comprenez bien, ma belle Mathilde, que la rapidité de l'information est la clé de voûte de cette stratégie. La communication doit être prompte et précise. Car si chaque général a une mission bien définie par Napoléon, elle peut changer en fonction de l'évolution de la situation, juste avant une bataille ou pendant celle-ci.

Cette armée de quarante mille hommes répartis en différents corps d'armée devient extrêmement puissante parce qu'elle est réactive et rapide ! Napoléon Bonaparte utilise le temps comme personne ne l'a fait avant lui. Il peut déplacer ses hommes à la vitesse de l'éclair et les mettre là où il en a le plus besoin dès qu'il le décide !

Après cet exposé qui, je l'espère, ne vous aura pas paru trop long, vous comprendrez peut-être mieux, ma belle Mathilde, la raison d'être de ma mission et son importance.

Je voulais aussi vous rapporter qu'avant-hier les soldats du général Lannes sont sortis victorieux de la bataille de Montebello. J'en suis heureux.

L'heure est venue de vous faire mes plus tendres adieux. Je dois m'efforcer de dormir un peu pour affronter les prochaines journées.

Sachez, belle Mathilde, que je vous prends la main et que je la pose sur ce cœur qui bat pour vous.

Ph. de S.

Plus le temps passait et plus les lettres d'Italie étaient fréquentes. Parfois, elles croisaient celles de Mathilde, car les fougueux jeunes gens n'attendaient pas toujours de recevoir une réponse pour s'écrire à nouveau.

De Philippe de Ségur à Mathilde Hamelin
Aux bons soins de Monsieur le Secrétaire d'État Maret
Château de Clichy, par Clichy-la-Garenne
Le 17 juin 1800

Ma chère et tendre Mathilde,

Je ne puis résister au désir de prendre à nouveau ma plume pour vous décrire les incroyables événements que nous vivons en Italie. Nous avons remporté une victoire importante à Marengo. Importante, car elle annonce la conquête de l'Italie et nous permet donc de penser que nous serons bientôt de retour à Paris.

Mais hélas, lors de cette victoire, nous avons perdu un être cher : le général Desaix. Sa mort nous affecte d'autant plus que nous lui devons la victoire.

Beauharnais, qui était présent lorsque le Premier consul apprit la nouvelle, m'a affirmé qu'il avait vu des larmes dans ses yeux. Il aurait même assuré aux personnes qui l'entouraient à ce moment-là, et je le tiens d'Eugène, « que la France venait de perdre l'un de ses meilleurs défenseurs, et lui son meilleur ami ; que personne ne savait tout ce qu'il y avait de vertu dans le cœur de Desaix, et de génie dans sa tête[1] ». Bonaparte, bien que vainqueur, avait le cœur gros, comme nous tous...

Mais si vous le permettez, laissez-moi raconter cette bataille peu ordinaire. Cette victoire a commencé par une défaite !

Les Autrichiens nous surprirent un matin par leurs canons. Nous ne nous y attendions pas ! Nous étions débordés de tous côtés et nous croyions la bataille perdue. Le général Bonaparte me demanda alors d'aller rattraper le

1. Louis Constant Wairy, *Mémoires de Constant, premier valet de chambre de l'Empereur, sur la vie privée de Napoléon, sa famille et sa cour*, tome 1, Bruxelles, Louis Hauman et Cie, 1830, p. 56.

général Desaix et ses hommes, partis la veille en éclaireurs pour leur demander de revenir.

À peine cet ordre m'était-il donné que, belle Mathilde, je m'élançai dans la direction qu'avait empruntée le général Desaix. Quelle ne fut pas ma surprise, après quelques minutes de galop, de les trouver là, revenant sur leurs pas ! Je m'empressai d'exposer au général la situation. Tout en avançant, il me confia qu'il avait été étonné d'entendre les canons autrichiens si tôt le matin et de voir les nôtres répondre avec tant d'acharnement. Il avait donc décidé de revenir de lui-même, pour participer au combat et aider si nécessaire.

En moins d'une heure, les hommes de Desaix étaient là et ce fut au tour des Autrichiens d'être abasourdis de voir arriver quatre mille hommes frais, prêts à se battre. Quelle intelligence et quelle clairvoyance de la part de Desaix ! Cela allait hélas lui coûter la vie... Le général mena la contre-attaque et c'est à ce moment-là qu'il fut atteint d'une balle en plein cœur. La douleur de ses hommes fut telle qu'ils redoublèrent d'ardeur au combat et remportèrent la bataille !

Ce soir-là, notre Premier consul alla dormir sur le champ de bataille avec les soldats de Desaix. Les douleurs de Rapp et Savary, les deux aides de camp du général disparu, étaient immenses et ils pleurèrent à chaudes larmes toute la nuit.

Grâce à cette action héroïque, la guerre était gagnée et, le lendemain, nous apprîmes que certains d'entre nous allaient regagner Paris.

Ma belle Mathilde, j'arriverai donc dans quelques semaines, début juillet au plus tard. Je serai l'homme le plus heureux du monde de pouvoir vous rendre visite et de prendre, comme je l'ai si souvent rêvé, votre main pour la poser sur mon cœur. Vous saurez alors combien ce cœur bat avec ardeur et sincérité pour vous.

Ph. de S.

La victoire relatée par Philippe de Ségur confirmait la totale domination du Premier consul français, tant envers les autres pays européens qu'au sein même du territoire français. Napoléon Bonaparte continuait son ascension.

Il confia le commandement de son armée au général Masséna puis repartit vers Paris pour apporter la victoire en personne et confirmer sa puissance à la tête de l'État.

Fouché et Talleyrand furent pris de panique, car tous deux complotaient. Convaincus de l'échec de cette campagne, ils avaient élaboré une stratégie de conquête du pouvoir avec une tierce personne dont l'identité ne fut jamais révélée.

Quand les événements en Italie prirent une tournure favorable, ils détruisirent tous les documents compromettants, ce que ne fit pas leur troisième complice. Par prudence, Fouché préféra l'éliminer[1].

1. *Une ténébreuse affaire*, d'Honoré de Balzac, relate cet événement, quarante ans plus tard.

8

Rue Saint-Nicaise

Noël 1800

La matinée s'annonçait particulièrement froide. Il ne neigeait pas encore, mais en ce mois de décembre chacun s'attendait à voir tomber, d'un moment à l'autre, de lourds flocons blancs qui recouvriraient la belle ville de Paris pour Noël.

Vainqueur de la seconde campagne d'Italie, Napoléon Bonaparte était devenu invincible. Cela faisait longtemps que la France n'avait pas connu d'homme aussi puissant que lui.

Malgré les succès du Premier consul, l'année 1800 avait eu son lot de tragédies. Deux jours après son retour, Bonaparte avait appris l'assassinat du général Kleber au Caire. Son fidèle compagnon d'armes était mort, ironie du sort, le même jour que Desaix. Combien de soldats brillants déjà tombés manqueraient-ils pour les batailles futures ?

Lucien Bonaparte, celui qui avait tant aimé Juliette, était devenu veuf. Sa femme était morte subitement d'une maladie. Il se retrouvait seul, père de deux fillettes qu'il avait confiées à sa sœur Élisa. Très attristé par ce drame, le ministre de l'Intérieur peinait à se mettre au travail. Cela devenait un vrai problème pour le Premier consul. En novembre, Napoléon Bonaparte décida de le remplacer par un ami d'enfance de Cambacérès, Montpelliérain lui aussi : le médecin Jean-Antoine Chaptal. Il envoya Lucien à Madrid comme ambassadeur de France, loin de Paris pour qu'il parvienne à se changer les idées.

Du côté de la rue du Mont-Blanc, dans le magnifique hôtel des Récamier, la vie suivait son cours. Juliette continuait à donner des réceptions brillantes et sa cousine tourbillonnait toujours dans son petit monde.

Les relations entre Mathilde et Fouché évoluaient. La jeune fille avait su l'apprivoiser en lui offrant une amitié vertueuse. Il semblait s'en contenter. Elle était la seule personne de son entourage qui n'avait pas peur de lui et osait lui parler franchement. Cela touchait cet homme pourtant réputé pour sa cruauté. Sans s'en douter, elle réussissait toujours à obtenir le meilleur de ce qu'il pouvait offrir.

Cela faisait presque un an que les Récamier avaient accueilli Mathilde. L'harmonie de ce couple avait contribué à lui rendre sa joie de vivre. Néanmoins, Juliette voyait arriver avec une certaine inquiétude la date anniversaire du drame qui avait touché sa cousine. Elle se doutait bien que, dans ces moments-là, les souvenirs allaient être plus douloureux. Mme Récamier redoublait d'attention pour elle. Heureusement, la vie souriait à la jeune fille, éperdument amoureuse de Philippe de Ségur.

Juliette s'attendait à une demande en mariage officielle auprès de Jacques-Rose. Mais rien n'avait encore été formulé par le jeune homme et Mathilde restait secrète sur le sujet.

— Mathilde, Mathilde ! appela Juliette, qui se trouvait déjà au rez-de-chaussée de leur demeure. Je dois me rendre chez David qui a besoin de ma présence pour mon portrait. Je me hâte, car je ne veux pas être en retard. Venez-vous à l'Opéra ce soir ? Il se joue *La Création* de Haydn, ce sera la première.

— Vous pouvez compter sur moi ! s'écria Mathilde, deux étages plus haut. J'accompagnerai vos parents. Vous y allez de votre côté avec M. Récamier ?

— Oui, nous devons passer auparavant dans ses bureaux. Il organise un petit événement avec ses collaborateurs pour la fin d'année.

— Au plaisir de vous retrouver ce soir ! cria Mathilde.

Récamier sortit soudain de son bureau.

— Quel vacarme vous faites, mesdames, je ne m'entends plus penser ! s'exclama-t-il depuis l'étage intermédiaire.

Juliette avait gagné à grands pas sa voiture, suivie de son cocher venu l'attendre.

— Oh pardon, mon bon cousin ! Veuillez m'excuser, dit Mathilde qui descendait les marches et se trouvait maintenant à la hauteur de Jacques-Rose.

— Quelles bavardes vous faites toutes deux ! Je plaisante. Cela me fait un réel plaisir de voir vivre cette maison, je souhaitais tout simplement me joindre à vous.

— Dans ce cas, pourrais-je vous poser quelques questions ? Car je connais mal certains sujets et je crains de ne pas pouvoir suivre toutes les conversations.

— Demandez toujours, si je sais vous répondre...

— Je ne comprends pas qui sont les jacobins. Sont-ils dangereux ou bons à notre République ?

— Eh bien, Mathilde, vous avez de curieuses préoccupations de bon matin...

— Hier, chez Mme de Staël, MM. Monge, de Montmorency et de Ségur ont parlé de ce club et je n'ai pas osé leur avouer mon ignorance.

— Je comprends. Pour autant la réponse à votre question n'est pas simple. Les jacobins ont, suivant les périodes et le pouvoir en place, été considérés bien différemment.

— Je croyais qu'ils étaient des républicains intransigeants ? demanda Mathilde.

— Oui, c'est vrai, mais comme je vous le disais, selon le pouvoir en place, ils peuvent être considérés comme des révolutionnaires, de simples agitateurs, des patriotes, voire des terroristes.

— Des terroristes ?

— Oui. Tout récemment, le 18 vendémiaire, une conspiration contre Bonaparte a été déjouée par Fouché : la Conspiration des poignards. Quatre hommes voulaient assassiner Bonaparte à la sortie de l'Opéra. Ils ont été arrêtés par la police et attendent leur jugement. On les dit jacobins...

— Mais quelle est la position des jacobins ?

— Ils n'acceptent pas la politique de Napoléon, qui ne respecterait pas la démocratie et la République. Ils sont donc une des principales forces d'opposition. Les jacobins craignent que le pouvoir autocratique de Napoléon conduise à nouveau la France vers un régime monarchique, tandis qu'ils luttent depuis plusieurs années pour l'établissement d'une république forte, centralisée, mais démocratique.

— Savez-vous qui en fait partie ?

— Je sais que vos amis Monge et Fouché en ont été, le peintre Jacques-Louis David aussi, et beaucoup de ceux qui ont perdu la vie durant la Révolution ou la Terreur : Danton, Desmoulins, Robespierre... Napoléon a lui-même, lorsqu'il avait une vingtaine d'années, été proche de ce club. Cela lui avait même valu une arrestation.

— Pensez-vous qu'il soit dangereux d'appartenir encore à ce groupe ?

— Il faut bien convenir que tout ce qui ne plaît pas au Premier consul est contre lui. Aux yeux de Napoléon, il n'y a guère de différence entre « être contre lui » et « être son ennemi ». C'est pour cela, ma petite Mathilde, que certains de nos amis ont quitté ce groupe. Je pense à M. Monge, qui est un proche compagnon de Bonaparte.

— Vous me rassurez et vous m'éclairez ! s'exclama Mathilde, qui sauta au cou de Récamier pour le remercier.

Après quoi, elle disparut dans sa chambre jusqu'à la fin de la matinée.

* *
*

La soirée musicale ne se déroula pas comme prévu. Le bruit avait été assourdissant, comme si le ciel était tombé sur Paris ! À l'Opéra, les spectateurs avaient gagné leur place, mais tous les mouvements et les conversations s'étaient brusquement arrêtés lors de cette déflagration.

— Que se passe-t-il ? demanda Mathilde aux Bernard, les parents de Juliette.

— À n'en pas douter, c'est une explosion de poudre, répondit M. Bernard. Un entrepôt qui aurait pris feu ?

Chacun formulait des hypothèses. Cambacérès, second personnage de l'État, se trouvait dans la loge jouxtant celle de Napoléon. Cet homme, connu pour son calme et sa maîtrise, trahissait son inquiétude ou tout au moins sa préoccupation par un tapotement des doigts sur l'accoudoir de son fauteuil.

Les Récamier venaient d'arriver. Cela faisait quelques minutes que l'explosion avait eu lieu. Ils se jetèrent dans les bras de Mathilde et des parents de Juliette. Les gens les regardaient, comprenant que quelque chose de grave s'était produit à l'extérieur.

Le siège de Cambacérès était vide. Il avait quitté sa loge, pressé d'en savoir plus.

Récamier prit la parole et prononça haut et fort :

— Une énorme explosion vient d'avoir lieu rue Saint-Nicaise, juste derrière notre attelage. Le désastre est si grand que nous n'avons pu faire demi-tour. Tout est bloqué ! Nous avons croisé plusieurs soldats de la garde rapprochée de Napoléon qui accouraient vers le lieu du drame. Nombre de maisons se sont écroulées, toutes les vitres du quartier ont été soufflées, ainsi que celles de notre voiture.

Sa voix tremblait sous l'émotion. Juliette, qui tenait la main de sa mère, semblait proche de l'évanouissement. Soudain, une voix s'éleva :

— Rue Saint-Nicaise ? Mais n'est-ce pas le chemin qu'empruntent le Premier consul et son escorte pour se rendre à l'Opéra depuis son palais des Tuileries ?

— N'est-ce pas aussi dans cette rue que se trouve l'hôtel particulier du second consul ? s'inquiéta une dame.

— Il était là il y a encore une minute, je l'ai vu sortir. Cela en fait au moins un à qui il n'est rien arrivé ! répondit un homme aux cheveux bruns.

— Un attentat ? s'exclama un autre.

Des cris de consternation fusaient dans toute la salle, alors que tout le monde se tournait vers les loges vides des Bonaparte et celles, voisines, du second consul, des officiers et de leurs amis.

— Et Philippe ! s'écria soudain Mathilde. Il devait retrouver le général Rapp, qui soupait aux Tuileries avec Napoléon, Joséphine et d'autres amis, dont Lannes et Berthier... Rapp lui avait proposé la place de Lannes dans la loge des officiers, car ce dernier devait rejoindre sa femme, prête à accoucher… Je ne sais pas où ils avaient prévu de se retrouver. Peut-être est-il là-bas ?

Mathilde s'affaissa, en pleurs, prenant son visage dans ses mains.

Cris, sanglots, hypothèses et stupéfaction se mêlaient dans la foule. Certains s'apprêtaient à sortir afin d'en savoir plus quand soudain Napoléon fit son entrée, suivi de Joséphine et de Cambacérès. Il était souriant, presque gai. Mme Bonaparte, au contraire, était d'une indescriptible pâleur. Prenant place, il s'adressa à l'assemblée :

— Nous l'avons échappé belle ! Deux secondes plus tard et je n'aurais pas eu la chance de découvrir le baryton Garat dans son nouveau rôle. Aussi, Garat, soyez éclatant ! cria-t-il pour être entendu des coulisses.

Toute l'assistance était tournée vers le Premier consul, applaudissant et lançant des hourras. Mathilde, toujours inquiète de l'absence de Philippe, n'arrivait pas à se calmer. Juliette la prit dans ses bras et lui murmura dans l'oreille :

— Ne vous inquiétez pas, ma douce, il n'y a pas de raison pour qu'il ait été dans la suite immédiate de Napoléon, il ne lui est certainement rien arrivé.

— Mais si, justement, il était invité par le général Rapp et sans doute l'a-t-il suivi depuis les Tuileries… Et dans la loge des officiers, je ne vois ni mon bon Philippe ni le général ! C'est que… C'est que je l'aime tant ! avoua-t-elle à travers de gros sanglots.

— Je le sais, ma chérie, compatit Juliette.

Soudain, la porte de la loge des Récamier s'ouvrit. Un homme élégant entra. Il se dirigea vers les deux cousines. L'homme les salua et s'empressa de livrer son message à Mathilde :

— Mademoiselle, je viens de la part de M. de Ségur.

— Que lui est-il arrivé ? Pourquoi n'est-il pas là ? demanda Mathilde avec angoisse.

— Je suis le général Rapp, son ami. Il vous prie de l'excuser pour son absence, une affaire urgente l'a rappelé dès notre arrivée à l'Opéra. Il a dû repartir.

La gratitude de Mathilde pour Rapp était immense. Elle le remercia mille fois et chacun put enfin prendre place pour découvrir cet opéra dont la première avait été mouvementée avant même d'avoir commencé.

Le lendemain, tout Paris parlait de l'attentat. Car il s'agissait bel et bien d'un attentat visant Napoléon Bonaparte. L'attaque avait été extrêmement meurtrière. Fouché n'avait pas pu rendre visite à Mathilde, comme à son habitude. Le chef de la police était trop occupé à mener l'enquête pour retrouver les coupables.

Plus tard, Philippe de Ségur apprit aux Récamier comment les choses s'étaient passées.

— Figurez-vous que c'est grâce à mon ami Rapp que toute la suite du cortège doit la vie ! expliqua-t-il. En effet, au moment de quitter les Tuileries, Rapp eut un commentaire sur la couleur du châle de Joséphine qu'il ne trouvait pas en harmonie avec le reste de sa tenue. Elle justifia son choix, ce qui prit quelques minutes, d'autant plus qu'Hortense et Caroline donnèrent, elles aussi, leur avis. Napoléon, fidèle à son habitude de ne jamais attendre personne, était déjà en route, en compagnie de Berthier et Lauriston. La voiture dans laquelle se trouvaient Joséphine, Caroline, Hortense et Rapp suivait donc celle du Premier consul à une distance plus importante qu'à l'accoutumée. Heureux hasard, car, à peine la voiture du Premier consul passée au milieu de la rue Saint-Nicaise, une « machine infernale » a explosé. C'était à deux cents pas de distance du convoi de Joséphine et de Rapp, si bien que leurs vitres ont volé en éclats et qu'Hortense a été légèrement blessée au visage ! Caroline, dont la grossesse arrivait presque à terme, fut extrêmement choquée.

Aussi décida-t-on que toutes deux regagneraient au plus vite les Tuileries. Rapp soutenait Joséphine, saisie de frayeur, incapable de monter seule les marches de l'Opéra pour rejoindre Napoléon. On me demanda de raccompagner Hortense et Caroline au palais. Vous comprendrez mon absence ce soir-là à vos côtés.

— Mais Napoléon ne s'est pas arrêté pour voir ce qu'il était advenu de sa suite après que la bombe a explosé ? s'étonna Mathilde.

— Surtout pas. Non qu'il s'en désintéressât, mais en raison d'une règle de sécurité, instaurée par Fouché : lorsqu'un attentat est supposé avoir eu lieu, les cochers ont pour impératif de continuer leur course. Il est important, si danger il y a pour la vie de Napoléon

Bonaparte, de ne pas offrir aux terroristes embusqués une autre occasion d'achever leur mission.

— Quel sang-froid, ce cocher ! Et quelle angoisse pour Bonaparte de s'éloigner sans savoir ce qu'il était advenu de son épouse !

— Le même affolement régnait dans la voiture de Joséphine, disait Rapp, car chacun craignait que le Premier consul ait péri sous l'effet de la bombe, ajouta Philippe.

— Ils ont tous eu de la chance, conclut Mathilde.

— Les pauvres passants et habitants en ont eu moins... On parle de vingt morts, d'une soixantaine de blessés et de vingt-huit maisons détruites ! rapporta Récamier. Que d'innocents tués dans ce drame !

— Je ne donne pas cher de la peau des auteurs quand ils seront retrouvés ! reprit Philippe.

— A-t-on une idée de leur identité ? demanda Mathilde.

— Bonaparte est convaincu que ce sont les jacobins !

— Gardons-nous d'accuser quiconque avant de connaître les coupables, ajouta sagement Récamier.

La semaine suivante, Fouché reprit ses visites auprès de sa jeune amie. Mathilde ne l'avait jamais vu si hargneux. Il était d'habitude aussi doux qu'un agneau lors de leurs rencontres, mais ce jour-là il ne décolérait pas. Il avait terminé son enquête et, pour lui, il n'y avait pas l'ombre d'un doute :

— L'attentat de la rue Saint-Nicaise est une conjuration royaliste et non le complot des jacobins comme s'obstine à le croire Bonaparte ! J'ai toutes les preuves et il refuse de les voir !

— Peut-être ne les trouve-t-il pas assez convaincantes ? osa Mathilde d'une petite voix.

— Pas assez convaincantes ! Elles sont irréfutables. D'autant qu'ils ont avoué, sans que nous leur mettions de couteau sous la gorge ! Nous avons rapidement arrêté quatre auteurs qui ont dénoncé les autres. Il n'y a aucun doute... Pourtant, Napoléon s'entête à ne pas vouloir se rendre à l'évidence ! En outre, il m'a signifié qu'il se passerait de mes services si je m'obstinais à vouloir lui prouver son erreur. Admettre que les royalistes sont à l'origine de cet attentat l'obligerait à remettre en cause ses choix et à reconnaître que sa politique de conciliation avec eux est un échec. Et cela, il ne l'accepte pas.

— Êtes-vous certain de ce que vous avancez ? s'enquit Mathilde, inquiète.

— Je ne devrais rien vous dire, Mathilde, car ces informations sont issues de mes conversations particulières avec le Premier consul, mais il est convaincu que sa politique de liberté religieuse et sa clémence face au retour des individus consignés sur la liste des émigrés lui valent la bienveillance des royalistes. C'est pure foutaise ! s'emporta à nouveau Fouché.

Après un instant de silence où il chercha à se calmer, il reprit :

— J'ai tout reconstitué avec mes hommes. Un à un, nous avons récupéré les restes de la jument qui tirait la charrette où avait été déposée la machine infernale. Puis nous avons interrogé tous les vendeurs de chevaux de Paris et de sa région, jusqu'à ce que l'un d'eux la reconnaisse et nous donne la description de l'acheteur. François Carbon a ainsi été identifié. Il avait bien acheté cette jument. Cela a été confirmé par le forgeron qui avait réparé un fer de l'animal et par le vendeur de la carriole. Ce Carbon était connu de nos services, il se faisait appeler Petit François. Je suis sûr de sa culpabilité, car d'autres encore l'ont reconnu : le vendeur des barils à poudre, le propriétaire de la remise où avait été entreposé le matériel avant l'attentat, le grainetier qui avait vendu le grain pour le cheval. Face à une telle unanimité, il ne peut y avoir d'erreur, croyez-en mon expérience...

Mathilde, concentrée, ne voulait perdre aucune information qu'avançait Fouché.

— Notre objectif a été ensuite de le faire parler. Espérant sauver sa tête, il nous a raconté tous les détails de l'opération et a révélé qui étaient ses complices. Les auteurs de cet attentat n'étaient autres que ceux que nous suivions depuis plusieurs mois. Tous d'anciens royalistes déjà recherchés par la police !

— Il est donc de votre devoir, mon ami, souligna Mathilde, de faire entendre raison à notre Premier consul. Il doit reconnaître les vrais coupables. Si vous ne le faites pas, qui donc pourra le faire ?

Fouché, ses fines lèvres pincées, leva sa main droite qu'il laissa retomber, sans énergie. Il montrait ainsi son renoncement à vouloir combattre les certitudes du chef de l'État.

— Allons, monsieur Fouché ! insista Mathilde. Comment pourrais-je continuer à vous regarder avec tendresse si je sais que vous n'avez pas fait tout ce qui était en votre pouvoir pour épargner la vie d'innocents ?

— Il est déjà trop tard, je lui ai mis sous les yeux les preuves et les aveux des vrais coupables et il refuse toujours de gracier les jacobins. Il les a même fait porter sur une liste à des fins de déportation.

— Déporter ? Mais où donc ? Et combien sont-ils ?

— Plus d'une centaine qui seront exilés vers la Guyane ou les Seychelles.

— Ne lâchez pas prise, mon bon ami, je serai d'autant plus fière de vous ! s'exclama Mathilde.

Pour la première fois, elle n'était ni passive ni soumise dans une conversation avec Fouché. L'homme se leva et lui donna tristement le bonsoir. Il se retira comme s'il portait sur ses épaules le malheur du monde. Elle le suivit du regard. Il monta dans sa voiture et ses chevaux s'élancèrent dans la rue.

* *
*

Le salon de Mme de Staël était morose ce jour-là. Mathilde racontait sa dernière conversation avec Fouché et les difficultés qu'il avait à faire admettre à Bonaparte la responsabilité des royalistes dans cet attentat.

— Ce qu'elle ne vous dit pas, c'est qu'elle a vraiment insisté pour que Fouché ne cède pas à Napoléon et lui fasse entendre raison au sujet de la liste des déportés jacobins, souligna Juliette.

— À la suite de cet attentat de la rue Saint-Nicaise, s'énerva Constant, les exécutions et les déportations vont se succéder. Nous avons un vrai despote à la tête de l'État. Dans quelques jours, les quatre conspirateurs des poignards jacobins, pourtant non coupables, seront exécutés.

— C'est terrible, s'indigna Juliette.

— De qui s'agit-il ? demanda Mme de Luynes.

— Du sculpteur Giuseppe Ceracchi, qui a eu le malheur d'être désigné comme l'un des complices de ce complot, bien que rien ne fût jamais prouvé. Il y a aussi Joseph-Antoine Aréna, qui n'a fait que manifester son opposition à Napoléon Bonaparte, le peintre de talent Topino-Lebrun, ancien élève de David, et Dominique Demerville. Ils sont tous reconnus coupables d'avoir comploté pour assassiner le Premier consul. Malgré de nombreux témoignages à décharge et leur obstination à clamer leur innocence, tous ont été condamnés à mort. Je suis anéanti. Et ce n'est pas tout, le chimiste Chevalier, accusé à tort d'avoir fabriqué la machine infernale, sera exécuté, de même que le malheureux Metge, auteur d'un pamphlet contre Napoléon. Aucune preuve n'a été pourtant apportée de la participation de l'un ou de l'autre au complot ! Où va notre démocratie si l'on décime toute forme d'opposition par la terreur ?

— Sans parler de la manipulation politique dont Napoléon use pour faire passer ces décisions, ajouta Germaine de Staël.

— Sachez d'ailleurs, madame, que c'est votre ami Talleyrand qui la lui a soufflée, reprit Benjamin Constant, exaspéré. Le Premier consul est arrivé à ses fins car, outre les condamnés à mort que je viens de citer, il a dressé une liste de jacobins destinés à être exilés, non pas pour leur participation supposée à l'attentat de la rue Saint-Nicaise, puisque Fouché a trouvé les vrais coupables, mais au nom du maintien de l'ordre. « Au nom du salut public », a-t-il même déclaré ! Pour une fois, je dois féliciter Fouché. Son comportement a été exemplaire. On ne peut que louer son excellent travail d'enquête et le courage avec lequel il a fait face à Napoléon. Il a osé le contredire et lui prouver qu'il se trompait. Je ne reconnais d'ailleurs pas cet homme ! C'est tellement inhabituel de le voir œuvrer pour la vérité sans se soucier des conséquences qui seront sans doute rudes pour lui. Je ne sais quelle mouche l'a piqué ! renchérit Benjamin.

— C'est la mouche Ma-Ma, c'est la mouche Mathilde, dit Germaine de Staël en chantonnant.

Mathilde avait le visage aussi rose que ses escarpins ! L'attachement de Fouché pour Mathilde était réel, les preuves étaient là. Il avait suivi à la lettre sa requête. Il s'était mis en péril, lui qui d'habitude ne pensait qu'à lui. Il avait préféré s'exposer aux foudres de Napoléon plutôt qu'à celles de la jeune et belle Mathilde. Juliette posa un regard d'approbation sur sa cousine. Cette petite avait un vrai pouvoir sur les hommes et elle l'avait prouvé avec le plus terrible d'entre eux...

Benjamin Constant, tout à sa rage, n'avait pas relevé la boutade de Germaine. Il continuait à présenter ses arguments.

— Fouché a apporté des preuves irréfutables et a insisté pour que Napoléon les admette. Mais le Premier consul en a quand même profité pour exiler qui le dérange ! Cambacérès, homme de droit et de justice, s'y est opposé, mais Talleyrand, toujours aussi perfide, a suggéré de faire voter cette mesure d'exil par le Sénat, chambre conservatrice et docile. Napoléon obtiendra aisément gain de cause. Qu'elle est belle, notre démocratie !

Au début du mois, un décret consulaire, aussitôt ratifié par le Sénat, prévoyait que « cent trente citoyens suspectés d'avoir une responsabilité dans la tentative terroriste de la rue Saint-Nicaise seraient placés sous surveillance spéciale, à l'extérieur du territoire européen de la République », et cela sans procès ni possibilité de faire appel.

— Heureusement, Monge a pu intervenir auprès de Napoléon et sauver son ami de jeunesse, Pache, l'ancien maire de Paris. Il a également obtenu, pour celui-là, la permission de se retirer dans son village de Thin-le-Moutier, nota Benjamin Constant.

Mathilde comprenait mal comment son cher ami, Gaspard Monge, ce génie des mathématiques, pouvait obtenir de telles faveurs sur des sujets aussi importants et éloignés de son domaine scientifique.

N'osant poser la question de but en blanc à Benjamin Constant, elle attendit de se trouver dans la voiture, sur le chemin de retour, pour questionner Juliette.

— Gaspard Monge est un grand ami du Premier consul et Mme Monge est aussi une proche de Joséphine. Le couple est souvent invité dans la résidence champêtre de Joséphine à La Malmaison. Monge n'hésite pas à profiter de cette proximité pour obtenir des faveurs, lorsque la cause lui paraît juste, expliqua Juliette.

— C'est un homme bon, reprit Mathilde. Et savez-vous comment ils se sont liés d'amitié ?

— Lors de la première campagne d'Italie, Monge fit partie de la commission de savants nommés par le Directoire pour identifier et rapatrier les œuvres d'art saisies par Napoléon[1]. C'est là qu'ils firent connaissance. Puis Monge participa à l'expédition scientifique menée conjointement à l'opération militaire, en Égypte.

Peu après le coup d'État du 18 brumaire, Napoléon le nomma sénateur en reconnaissance de ses qualités : « Le citoyen Monge [...] est célèbre par ses connaissances et son patriotisme. Il a fait estimer les Français par sa conduite en Italie ; il a acquis une part distinguée dans mon amitié[2]. »

Juliette revint sur le discours enflammé de Benjamin Constant.

— Mathilde, je vous félicite, je vois que votre influence sur Fouché est réelle. À votre contact, Fouché n'est que bonté ! Lorsque je vais raconter cela à M. Récamier, il en sera tout esbaudi.

— Hélas, cela n'aura pas servi à grand-chose. Tous ces hommes seront déportés. Je comprends la crainte de Napoléon, mais je n'accepte pas ses méthodes !

À leur arrivée à l'hôtel des Récamier, elles furent surprises de voir Fouché juste devant qui patientait dans son cabriolet. Les deux femmes descendirent de leur voiture et retrouvèrent le chef de la police sur le pas de la porte.

— Monsieur Fouché, que nous vaut votre visite à cette heure inhabituelle ? s'étonna Juliette.

— Je passais non loin, répondit-il, et je souhaitais m'entretenir quelques instants avec vous. Je suis préoccupé, car notre Premier consul est contrarié à propos d'une affaire et ses représailles pourraient vous nuire.

— Nous nuire ? reprirent les deux cousines en chœur.

— Vous nuire, répondit fermement Fouché.

Ils entrèrent tous les trois dans le hall de l'hôtel de la rue du Mont-Blanc. Le majordome Basile arriva d'un pas rapide pour les débarrasser de leurs manteaux. Ils montèrent au premier étage et prirent place dans le petit salon.

— Madame, vous savez combien je suis attaché à votre douce Mathilde, et donc, de ce fait, à votre très honorable famille,

1. Dont les cahiers de Léonard de Vinci.

2. *Correspondances de Napoléon Ier, Napoléon Bonaparte*, tome 3, Paris, Plon-Dumaine, 1859, p. 390.

commença Fouché. Aussi, je dois vous confier que le Premier consul perçoit d'un mauvais œil le climat particulièrement hostile à sa personne qui règne dans le salon de Mme de Staël. Sa liaison avec Benjamin Constant, ses romans, ses propos, tout va dans le même sens. Elle critique beaucoup trop ouvertement le chef de l'État et ses décisions. De plus, elle laisse dépérir son mari, M. de Staël-Holstein, qui vit dans un état proche de la misère... Autant d'attitudes qui n'échappent pas à Napoléon Bonaparte et qui l'irritent au plus haut point ! Le couple de Staël-Constant est dans la ligne de mire du Premier consul. Il les place parmi les opposants les plus virulents et les plus néfastes au régime. Il ne tolérera pas longtemps leurs comportements. Un de ces prochains jours, sa colère va éclater et ni Talleyrand, ni Monge, ni Cambacérès, ni même moi ne pourrons quoi que ce soit pour eux.

Juliette et Mathilde saisissaient la gravité des propos de Fouché.

— Mesdames, je suis venu vous voir sans être commandé par qui vous savez. Je ne voudrais pas que vous vous trouviez également compromises dans cette affaire.

— Compromises, s'offusqua Mathilde. Et par quoi pourrions-nous l'être ?

— Par l'amitié qui vous lie à Mme de Staël. Napoléon Bonaparte a déclaré, lors d'une réunion aux Tuileries, qu'il était prêt à penser que tous ceux qui fréquentaient les salons de Mme de Staël pouvaient être considérés comme des ennemis.

— Dans ce cas, il va devoir changer tout son gouvernement, se fâcher avec ses frères Joseph et Lucien ainsi qu'avec sa sœur Élisa, répondit Juliette en souriant.

— Madame Récamier, l'heure n'est pas à la plaisanterie ! rétorqua Fouché. Ne prenez pas la chose avec trop de désinvolture. Certes, le Premier consul était ironique lorsqu'il prononçait ces mots, mais le fond de sa pensée était bien là. Mme de Staël et ses amis sont désormais sous haute surveillance et tout faux pas peut avoir des conséquences graves. Je vous incite à rapporter mes propos à Mme de Staël, dans la plus grande confidentialité, et vous invite toutes deux à la plus grande prudence. Vous savez, le Premier consul vous apprécie et ne vous a pas oubliée depuis cette fameuse réception chez Lucien.

Juliette releva la tête et regarda Fouché avec surprise.

— Je vous assure, il ne vous a pas oubliée, reprit-il. Dernièrement, il m'a demandé des nouvelles de la belle Mme Récamier. Napoléon a une mémoire remarquable.

Il se tourna ensuite vers Mathilde.

— Ma belle amie, je ne puis rester davantage, ne m'en veuillez pas. Souvenez-vous de ce que je viens de vous confier. Mme de Staël prend des risques, ainsi que ses amis.

Fouché se leva et se retira.

La soirée fut plus calme que l'après-midi. Mathilde gagna sa chambre immédiatement après le souper tandis que Juliette rapportait à Jacques-Rose la mise en garde du policier.

Récamier, que plus rien ne surprenait, avertit Juliette de la gravité de la situation. Il était cependant soulagé d'avoir eu ces informations par Fouché qui attestait ainsi de sa sincère affection pour Mathilde. Il encouragea donc Juliette à avoir une discussion rapide avec Mme de Staël, afin qu'elle n'ignorât pas ce qui se tramait au sommet de l'État.

9

Sur le chemin de Notre-Dame

Juillet 1801

Sur la terrasse du château de Clichy-la-Garenne, Juliette et Jacques-Rose étaient alanguis dans leurs fauteuils. L'été resterait mémorable pour ses températures exceptionnelles. La chaleur pesante ne faiblissait pas, même la nuit. La conversation était la seule distraction qu'ils pouvaient se permettre tant cette atmosphère les étouffait. Comme pour tous les Parisiens, le sujet d'actualité était le Concordat signé entre le Consulat et le Saint-Siège.

Cet accord avait mis fin à dix années de tensions entre la France et le Vatican, car la Révolution avait gravement malmené l'Église[1], qui avait perdu tous ses biens. À 2 heures du matin, le 16 juillet 1801[2], après de longues négociations, les représentants de Napoléon, conduits par Joseph Bonaparte et Talleyrand, ainsi que ceux de Pie VII, avaient signé un traité visant à définir le cadre des activités de l'Église en France.

Ce texte déclarait que la religion catholique était la religion principale des Français et abolissait la loi de 1795 séparant l'Église de l'État. En contrepartie, le Vatican reconnaissait le Consulat et

1. Juste avant la Révolution, la France était la première puissance catholique.
2. 26 messidor an IX.

accordait à Napoléon Bonaparte un droit de regard sur la nomination des évêques. Le gouvernement se chargeait des frais du culte, l'Église de France serait moins prospère que sous la royauté, mais sa richesse serait mieux distribuée, en particulier au bas clergé. Le culte protestant serait enfin officiellement reconnu. En revanche, les ventes des biens ecclésiastiques faites durant la Révolution étaient irrévocables et définitives.

Napoléon rétablissait ainsi l'Église catholique en France.

— Les églises vont rouvrir leurs portes, observa Récamier.

— Quel bonheur de pouvoir réentendre la messe, dans notre village ! répondit Juliette en pensant à la paroisse de Clichy.

— Ça n'arrivera pas avant un an. Ce traité doit maintenant être promulgué. Tout est lent dans notre système. Il faudra faire quelques travaux afin d'effacer les traces du vandalisme révolutionnaire : ces dix dernières années, nos églises et cathédrales, en plus d'être pillées, ont été utilisées à mille fins. L'église de Clichy, par exemple, était le lieu de réunion des jacobins.

Après une courte pause, Récamier ajouta :

— Je suis impatient de voir comment les Parisiens accueilleront le premier *Te Deum* à Notre-Dame...

— Nous ne le manquerons pas ! D'ici là, espérons qu'il n'y aura pas de nouveaux éléments qui bouleverseront tout, ajouta Juliette.

— N'ayez crainte, Bonaparte est un homme extrêmement intelligent. Il n'a pas signé ce traité par hasard, il a un objectif en tête. Avec le Concordat, il obtient le soutien des catholiques et du clergé. Il a compris le pouvoir de la religion sur les peuples, quel que soit le culte. Il l'a bien prouvé pendant la campagne d'Égypte. Je me souviens d'un article paru dans *Le Moniteur*[1], il y a près de deux ans, qui relatait une entrevue entre Napoléon, alors général en chef de l'armée d'Orient, et plusieurs muphtis et imans. Je crois me rappeler que la scène se passait à l'intérieur de la grande pyramide de Chéops. Je ne sais pas si leur entretien fut réel, ou monté de toutes pièces par les journaux, mais Bonaparte ne l'a pas démenti. Il s'était fait dans ses propos plus musulman

1. *Le Moniteur* est l'ancêtre du *Journal officiel*.

que les musulmans eux-mêmes[1]. Certains mots m'avaient marqué à l'époque, on pouvait lire : « Gloire à Allah. Il n'y a point d'autre Dieu que Dieu ; Mohamed est son prophète, et je suis de ses amis. » Certes, il n'était pas encore consul, mais il était déjà le représentant de la France au pays des pyramides. Il avait compris qu'il ne pourrait gagner sa guerre contre les mamelouks qu'en respectant la religion du peuple d'Égypte.

— Pourquoi cette guerre contre les mamelouks ? Le seul que je connaisse est Roustan, son valet.

Récamier n'eut pas le temps d'ajouter un mot que déjà Juliette reprit :

— Cet homme est bien un mamelouk, n'est-ce pas ? Voyez-vous de qui je parle ? Le fameux Roustan, il se reconnaît aisément grâce à son costume d'Orient. Il paraît que Roustan a été offert à Napoléon par le cheikh du Caire, le jour où ce dernier lui a fait don d'un magnifique cheval arabe.

— Je ne connaissais pas tous ces détails, répondit Jacques-Rose, mais oui, je vois bien de qui vous parlez. À présent, si vous souhaitez que je réponde à votre question précédente, laissez-m'en le temps, ma chère amie !

Juliette sourit, comme pour s'excuser, et il poursuivit :

— Les mamelouks sont issus de groupes de jeunes enfants capturés, souvent non musulmans, enlevés très tôt à leur famille. Ils deviennent des esclaves dans un premier temps. Puis, une fois qu'ils ont l'âge d'entrer dans la milice, ils reçoivent une formation militaire. Cette armée est, en général, au service des califes ou des sultans. Napoléon voulait les combattre, car il considérait qu'ils favorisaient le négoce avec les Anglais au détriment de la France dont ils taxaient abusivement les négociants. Par ailleurs, ils tyrannisaient les habitants du bord du Nil en les spoliant de leurs meilleures terres, de leurs maisons et de leurs plus belles femmes. Dans la guerre contre cette milice, Bonaparte a constamment rassuré les populations musulmanes, répétant qu'il n'était pas ici pour faire la guerre aux enfants d'Allah, mais bien aux mamelouks.

1. Jacques-Rose Récamier fait ici référence à l'article, parfois contesté, du *Moniteur* publié dans le n° LXVII, le 7 frimaire an VII (27 novembre 1798).

— Je comprends mieux. Je sais qu'en réalité le Premier consul est assez indifférent à la religion. Lucien m'a dit qu'il croyait en la nécessité d'une Église forte pour le maintien de l'ordre social. La religion ne l'intéresse que comme outil de propagande.

— J'en suis convaincu, approuva Récamier. Rappelez-vous le témoignage de Moreau, qui était avec lui en Égypte : « Napoléon aurait été prêt, s'il l'eût fallu, à se faire musulman pour servir ses objectifs ! » Cet homme ne fait jamais rien au hasard. Derrière une action, il faut comprendre son objectif. D'où son intérêt de respecter la religion des autochtones. En Égypte, il donna des ordres très précis à ses troupes.

Récamier était bien informé. Effectivement, à bord de l'*Orient*, le navire qui conduisait les soldats vers le pays des pyramides, Napoléon leur décrivait le monde qu'ils allaient découvrir et surtout le comportement qu'il attendait d'eux :

Soldats !

Les peuples avec lesquels nous allons vivre sont mahométans ; leur premier article de foi est celui-ci : « Il n'y a pas d'autre Dieu que Dieu, et Mahomet est son prophète. » Ne les contredisez pas ; agissez avec eux comme nous avons agi avec les Juifs, avec les Italiens ; ayez les égards pour leurs muphtis et leurs imans, comme vous en avez eu pour les rabbins et les évêques ; ayez pour les cérémonies que prescrit l'Alcoran, pour les mosquées, la même tolérance que vous avez eue pour les couvents, pour les synagogues, pour la religion de Moïse et celle de Jésus-Christ. Les légions romaines protégeaient toutes les religions. Vous trouverez ici des usages différents de ceux de l'Europe : il faut vous y accoutumer[1].

— Tous les guerriers n'ont pas toujours eu le même discours. Je pense aux croisades, fit observer Juliette.

— Ils n'avaient pas les mêmes missions, objecta Récamier. Mais Bonaparte a tout de suite compris que cela faisait partie des éléments cruciaux de son succès en Égypte. On a dit qu'il se serait présenté, en entrant au Caire, comme le « digne enfant du prophète Mahomet, favori d'Allah »...

1. *Œuvre de Napoléon Bonaparte*, tome II, Paris, C.-L.-F. Panckoucke Éditeur, 1821, p. 159.

— Cela ne me surprend pas ! Nous en parlions chez Germaine de Staël tantôt, et Junot[1] nous rapportait qu'il aurait dit : « La supériorité de Mahomet, c'est d'avoir fondé une religion en se passant de l'enfer. » Il faut un esprit vif et indépendant pour avoir des jugements si tranchés !

Juliette était perplexe. Ces propos étaient tellement différents de ceux des bénédictines de la Déserte. Elle voyait bien que cet homme visionnaire brassait une multitude de pensées et de réflexions qu'elle ne maîtrisait ou ne partageait pas toujours.

— Je ne sais parfois que penser de ce Bonaparte qui a un avis sur tout, reprit Juliette, parfois si éloigné de l'opinion générale. Voit-il juste ? Est-il fou, car aveuglé par son pouvoir grandissant ? Ou est-il, au contraire, un visionnaire ? Je ne sais, mon ami, mais cet homme me surprend sans cesse !

— Il nous surprend tous et je ne sais pas où cela va le mener. Et nous non plus.

Sur ces mots, Jacques-Rose se leva pour regagner son bureau, malgré la chaleur. Il devait honorer un rendez-vous avec son notaire afin de régler les affaires immobilières et successorales de ses clients.

— Je dois me hâter, ma belle amie. Souhaitez-vous comme convenu que je vous dépose chez Mme de Staël ? Je vous l'avais dit, j'aurai utilité de votre voiture cet après-midi. Un de mes chevaux boite et je dois le laisser au repos quelques jours. Je passerai vous prendre, Mathilde et vous, sur les coups de 5 heures.

— Très bien. Mais je serai seule cet après-midi, Mathilde ne souhaite pas m'accompagner, répondit la jeune femme tout en se préparant à suivre son mari. Je ne sais pourquoi, je la sens sombre et distante ces derniers jours.

Le couple monta dans la voiture que le cocher avait déjà avancée.

---

1. Jean-Andoche Junot, fait duc d'Abrantès par Napoléon en référence à une ville du Portugal, pays dont il fut le gouverneur en 1808. Son épouse, Laure d'Abrantès, est connue pour ses *Mémoires* qui donnent un juste reflet de cette époque. Elle fut la maîtresse de Balzac, alors jeune écrivain inconnu, qui la guida dans les premiers pas de sa carrière littéraire.

— Vous a-t-elle fait quelques confidences ? s'inquiéta Récamier qui n'aimait pas que l'on se trouvât mal sous son toit.

— Aucune. Pas même une allusion.

— Comment vont ses amours ?

— Écoutez, je la vois toujours aussi heureuse de rencontrer Philippe de Ségur. Lorsqu'ils sont ensemble, ils sont toujours très proches. Fouché, de son côté, se fait de plus en plus rare... Je ne comprendrai jamais comment un homme si occupé aux affaires de l'État a trouvé tant de temps résolument chaste à lui consacrer ! Depuis dix jours cependant, il ne lui a pas rendu visite sans donner de raisons. Cela ne s'était jamais produit.

— Serait-ce l'objet de son tourment ?

— Jacques-Rose... Vous n'y pensez pas !

— Les femmes sont mystérieuses et imprévisibles. Donc je suis prêt à tout envisager, dit-il. Tenez-moi informé.

— Comptez sur moi.

Après un bref silence, Juliette reprit :

— Je vous rappelle que demain soir nous recevons à souper Caroline, la sœur du Premier consul. Elle souhaite rencontrer M. de Narbonne, qu'elle connaît peu. J'ai donc organisé une petite réception au château.

Récamier réfléchissait mais ne semblait pas trouver de réponses à ses interrogations.

— Pourquoi s'est-elle adressée à vous, alors que Narbonne est un ami fort proche de Mme de Staël ?

— Pour être franche, je me suis posé la même question et deux réponses me sont venues à l'esprit. La première est que Caroline Murat et moi sommes très proches. Peut-être a-t-elle préféré s'adresser à moi pour cette raison ? La deuxième me contrarie davantage. J'ai le sentiment que, depuis quelques mois, l'entourage immédiat de Napoléon, ses frères et sœurs, Joseph, Lucien, Élisa, Caroline et même Eugène de Beauharnais désertent le salon de Germaine. Je suppose que c'est une directive du Premier consul...

— Nous y voilà ! Vos propos rejoignent mes pensées. Cela voudrait dire qu'elle n'a pas tenu compte de l'avertissement de Fouché. Napoléon a donné ses consignes. Je vous invite, Juliette, à insister encore auprès de Germaine. Elle doit absolument modérer ses propos et ses écrits. Ses romans sont passionnants, intelligents et innovent par leur style. Ils lui valent, certes, une grande célébrité, mais la placent de plus en plus dans le camp des opposants. Ses salons deviennent un foyer d'ennemis et, comme vous l'a dit Fouché, Napoléon ne le tolère pas ! Je ne prévois rien de bon, mon amie, je suis même inquiet. Je vous invite, encore une fois, à être très prudente dans vos propos chez Germaine. Je sais que vous l'êtes, mais parlez surtout à notre jeune Mathilde, plus spontanée. Avec Fouché, les murs ont des oreilles et je doute que le chef de la police reste encore longtemps notre allié. Je n'ai aucune confiance en cet homme.

À peine Juliette fut-elle arrivée chez Germaine de Staël que cette dernière se précipita pour l'entraîner dans son bureau. Elle fut surprise par cet accueil, car la baronne ne laissait jamais entrer personne dans ce lieu intime.

— Juliette, je viens d'apprendre par Mme de La Rochefoucauld que la fille de son amie Mme de Luçay était promise à Philippe de Ségur ! J'ai immédiatement pensé à Mathilde. Que sait-elle de tout cela ?

Juliette pâlit en entendant ces mots. Cette information expliquait le désarroi de sa jeune cousine. Comment cela était-il possible ? Philippe avait pourtant l'air si proche et si amoureux lui aussi ! Elle n'y comprenait rien.

Juliette remercia Mme de Staël de l'avoir si utilement informée et profita de cette conversation confidentielle pour la mettre à nouveau en garde. Elle la supplia de cesser ses attaques contre le Premier consul, mais Germaine ne voulut rien entendre. Elle s'estimait intouchable et restait insensible aux avertissements de son amie.

Elle se réfugiait derrière la certitude d'avoir un bouclier protecteur : le statut de son illustre famille. C'était une Necker[1]. Son père avait marqué le destin de la France, puisqu'il n'était pas étranger

1. Jacques Necker prit des dispositions courageuses lorsqu'il fut ministre des Finances. Elles lui valurent une réputation de financier de talent. Renvoyé et rappelé à plusieurs reprises, le 11 juillet 1789, Necker fut une fois encore congédié par le roi qui lui reprochait l'austérité de ses mesures. Ce renvoi contribua au soulèvement du peuple, le 14 juillet 1789.

au soulèvement du peuple lors de la Révolution. Il vivait ses vieux jours dans son château de Coppet, en Suisse, où il s'était retiré pour écrire. Il était aimé des Français, il avait même été consacré ministre patriote par le peuple. Elle comptait aussi sur son réseau d'amis, composé des personnes les plus illustres de France.

— Souvenez-vous, Juliette, sans moi, M. de Talleyrand serait encore en exil aux États-Unis à faire le prospecteur immobilier dans les forêts du Massachusetts ! C'est moi qui, en 1796, ai fait lever le décret d'accusation de la Convention le concernant qui lui permit d'être rayé de la liste des immigrés. Il me doit beaucoup. C'est aussi grâce à moi qu'il a été nommé ministre des Relations extérieures. J'ai harcelé Barras, le membre le plus influent du Directoire pendant des mois. Donc, avec Talleyrand, Monge, Joseph et Lucien Bonaparte et tous les autres, je n'ai, à ce jour, aucune crainte. Je me sens libre de m'exprimer comme je l'entends, dans mes conversations comme dans mes écrits, chez moi ou ailleurs. Allons, allons, dit-elle en prenant le bras de Juliette, n'en parlons plus et ne vous souciez point de mon avenir.

Toutes deux sortirent pour retrouver la brillante assemblée qui se trouvait déjà dans le grand salon. Mme de Staël prit la parole à haute et intelligible voix afin que toutes et tous l'entendent :

— Mes chers amis, je voulais vous dire que nous allons avoir dans un instant la visite d'un homme de marque, le physicien et chimiste Alessandro Volta. Il est arrivé de Côme ce matin et s'est rendu à l'Institut de France[1] pour présenter son invention à Napoléon : une « pile électrique ».

À cette annonce, Germaine sentit tous les regards se poser sur elle.

— Ne m'examinez point ainsi, je ne puis vous en dire plus. Vous en savez autant que moi ! Gaspard Monge a juste précisé qu'il fallait

1. L'Institut de France fut fondé en 1795. Il est situé depuis sa création au 23, quai Conti (nommé à l'époque quai de Nesle), dans le 6e arrondissement à Paris. Cet institut a une mission pluridisciplinaire : « recueillir les découvertes, perfectionner les arts et les sciences » (Constitution de l'an III, article 298). Il regroupe cinq académies : l'Académie française, l'Académie des inscriptions et belles-lettres, l'Académie des sciences, l'Académie des beaux-arts et, enfin, l'Académie des sciences morales et politiques.

absolument que nous profitions de son passage à Paris pour que Volta nous parle de sa découverte. Monge, qui a un jugement sûr, a affirmé que cette trouvaille allait révolutionner le monde de demain !

À peine avait-elle prononcé ces mots que le mathématicien entra, accompagné du savant italien. Tous étaient impatients d'écouter l'exposé du scientifique. Monge le présenta et annonça que Volta venait de recevoir, des mains de Napoléon Bonaparte, la médaille d'or de l'Institut pour son invention ainsi que les titres de comte et de sénateur du royaume de Lombardie. Des applaudissements saluèrent cette nouvelle.

Puis il invita Volta à commencer, ou plutôt à recommencer de manière simplifiée, l'exposé qu'il avait fait devant ses pairs. Le français de Volta était parfait, sa diction était précise, simplement teintée d'accent italien. Il captiva d'emblée l'assistance, impressionnée par sa passion communicative.

— Mesdames et messieurs, je souhaite tout d'abord remercier l'hôtesse de ces lieux, la charmante et renommée baronne de Staël, pour la générosité de son accueil. Je vous suis reconnaissant de l'intérêt que vous portez tous à mon travail.

L'objet de mon invention est la pile électrique à colonne[1]. Cet appareil est un dispositif qui permet de transformer l'énergie dégagée par une réaction chimique en un flux que nous nommons « électricité ». C'est tout à fait inédit ! L'électricité n'avait été observée jusqu'à présent que sous son état naturel.

— Mais où trouve-t-on cette chose dans la nature ? demanda Germaine de Staël.

— Elle s'observe dans les éclairs ou la foudre, reprit Volta. Vous l'avez certainement vue vous-même. Je parle de cet arc de lumière qui apparaît lors de gros orages. On peut aussi remarquer une électricité dite animale, découverte et décrite par mon confrère Luigi Galvani, il y a neuf ans, en constatant que les muscles d'une cuisse de grenouille se contractaient lorsqu'il lui appliquait des métaux de nature et de charge différentes. Pour les êtres vivants, ce sont justement des phénomènes électriques, émis par notre cerveau, qui assurent la contraction de nos muscles.

1. Pile : du latin « *pila* » qui veut dire « colonne ».

— Ce qui est admirable, reprit Monge, c'est qu'avant l'invention de M. Volta, avant cette pile électrique, on ne savait pas comment produire cette électricité, on ne pouvait que la constater. Grâce à cette découverte, nous savons maintenant la fabriquer, mais aussi, bientôt, la transporter.

— Mais comment la produisez-vous ? s'enquit une des personnes de l'assemblée.

— J'y viens, j'y viens ! répondit Volta en plaisantant. J'ai fait un empilement de disques de deux métaux différents : le zinc et le cuivre. Chaque couple de disques zinc-cuivre est séparé l'un de l'autre par une étoffe de tissu imbibée de saumure[1]. Le but est de provoquer une réaction chimique[2] entre les métaux pour produire cette électricité. Le principe de la pile est donc de stocker de l'énergie sous forme chimique avant de la restituer sous forme de courant électrique continu.

— Mais comment est-ce possible ? demanda quelqu'un.

— Je vais tenter de vous l'expliquer clairement. Lorsque ces deux métaux sont séparés, chacun prend une charge différente : une charge négative pour le cuivre et une charge positive pour le zinc. Lorsque la réaction chimique a lieu, il y a un transfert de charge d'un métal à un autre. C'est ce transfert qui constitue le flux électrique continu.

— Mais qu'est-ce que la production d'électricité apportera dans notre quotidien ? demanda la pragmatique duchesse de Chevreuse.

— Elle va changer le monde, madame, elle va changer le monde ! s'enthousiasma le savant. L'électricité apporte de l'énergie qui pourra être utilisée, si elle est en quantité suffisante, partout où nous en aurons besoin. Elle pourra par exemple remplacer l'énergie animale du cheval dans une hippomobile, l'énergie du vent dans les voiles des bateaux, l'énergie du feu dans l'éclairage de nos bougies ou dans la chaleur de nos cheminées... Elle nous aidera partout, dans

1. Cette pile est exposée au musée des Arts et Métiers de Paris.

2. Cette réaction chimique est une réaction d'oxydoréduction. Elle se caractérise par un transfert d'électrons. L'atome qui capte les électrons est appelé « oxydant » (ici le cuivre), celui qui les cède est le « réducteur » (ici le zinc). À noter qu'à l'époque de Volta l'électron lui-même n'a pas encore été découvert.

nos maisons, dans nos cuisines ! s'exclama Volta, emporté dans le monde nouveau qu'il imaginait.

Un brouhaha se répandit dans la salle. Tous étaient ébahis par l'avenir que leur proposait Volta. De petits groupes se formaient, des éclats de voix se faisaient entendre. Volta disparut au centre de l'attroupement passionné qui se forma autour de lui. Juliette eut l'impression, elle aussi, d'assister à un moment remarquable de l'évolution du monde. Pourrait-elle voir de ses propres yeux tous les progrès annoncés ? Elle l'espérait, comme tous les autres invités.

* *
*

En route pour Clichy, Juliette confia à M. Récamier ce qu'elle avait appris sur le futur mariage de Philippe de Ségur. Elle souhaitait consacrer sa soirée à Mathilde. Était-elle au courant ? Comment cela jouait-il sur son moral ? Juliette était inquiète.

Elle profita aussi de ce transport pour raconter avec enthousiasme l'intervention de Volta.

À peine arrivée au château, Mme Récamier rejoignit Mathilde dans sa chambre. Cette dernière ne montrait aucune tristesse, ce qui ne facilitait pas sa tâche. Après un court instant, elle se lança. Mathilde écouta calmement sa cousine. Son regard était franc et jamais elle ne chercha à le dissimuler. Juliette fut surprise par cet aplomb. De façon singulière, c'était elle qui semblait la plus affectée !

— Que vous êtes bonne de vous soucier de moi, répondit Mathilde d'un ton paisible. Je suis confuse, car mon souhait était de vous tenir à l'écart de tout cela. Non parce que je désirais vous le cacher, mais parce que je ne voulais pas vous créer plus de tourments. Sachez qu'aujourd'hui tout est arrangé ! Vous m'auriez entretenue de ce sujet la semaine dernière, j'aurais été encore égarée… Mais aujourd'hui ma décision est prise et j'en suis heureuse. Je comptais vous en parler, ce soir après le souper. Patienteriez-vous jusque-là pour que je puisse m'adresser en même temps à M. Récamier et à vous-même ?

Juliette était à la fois rassurée et décontenancée. Mathilde restait décidément imprévisible ! Elle sortit de la chambre, contrariée d'avoir à attendre pour en savoir plus. Elle souhaitait s'assurer que le renoncement de Mathilde à Philippe n'était pas dicté par le dépit. Juliette craignait le contrecoup de cette rupture imposée.

Après le souper, les époux Récamier attendaient sagement sur la terrasse comme deux jeunes écoliers. Mathilde arriva, belle et détendue.

— Chers cousins, j'espère que vous n'êtes pas fâchés contre moi. Si je ne vous ai pas mis dans la confidence, c'est que je souhaitais prendre le temps de réfléchir aux choix qui m'étaient offerts. Vous avez bien assez de vos affaires pour que les miennes ne viennent pas vous inquiéter et je voulais décider de ma destinée sereinement.

L'entrée en matière de Mathilde annonçait une suite peu banale. Les conjoints, interloqués, acquiescèrent de la tête, sans dire un mot.

— Vous connaissez mon attachement pour Philippe de Ségur. Nous nous aimons passionnément depuis plusieurs mois. Il est l'élu de mon cœur et je suis décidée à l'aimer toute ma vie.

Le regard étonné de Juliette croisa celui de Mathilde.

— En revanche, poursuivit-elle, je ne suis pas sûre que vous sachiez que M. Xavier Bichat a dernièrement offert de m'épouser. Xavier est un immense savant, sa proposition me ravit mais, mon cœur étant déjà pris, j'ai décliné poliment sa demande.

Tout comme Juliette, Récamier avait du mal à masquer sa surprise. Il se sentait fautif de ne pas avoir anticipé ce qui se tramait sous son toit.

— Mais, Mathilde, tu sais que Philippe de Ségur doit épouser Mlle de Luçay, dit Juliette, ébahie.

— J'y viens, j'y viens, répondit Mathilde. C'est justement ce qui a contrarié mes vœux dans un premier temps. Nous avons longuement parlé ensemble avec Philippe. Sa mère est issue d'une famille très noble, c'est une Aguesseau et son grand-père est un ancien maréchal de France. Ils n'auraient jamais accepté que leur fils se marie avec la pauvre orpheline ruinée que je suis, même sous votre tutorat, mon cher cousin. Notre mariage, je l'ai bien compris, est impossible. Philippe est désespéré, comme je l'ai été, qu'on lui impose la jeune demoiselle de Luçay. L'illustre famille Luçay convient mieux à sa position sociale. En effet, madame est une des quatre dames du palais de Joséphine et monsieur son père, un des quatre préfets du palais consulaire.

— Mais alors, Mathilde, comment veux-tu...

Sa jeune cousine l'interrompit :

— Nous continuerons malgré cela à nous aimer en restant des amis très proches.

Récamier inspira très fort pour expirer tout aussi bruyamment. Juliette voyait bien qu'il prenait le temps de la réflexion. Le problème était qu'il se sentait responsable de cette jeune fille. Il cherchait une manière d'émettre sa réprobation. Il prit la parole calmement :

— Mathilde, j'entends bien votre choix. Mais voyez-vous, mon enfant, je dois vous mettre en garde, il est loin d'être des meilleurs ! Le destin d'une femme est d'épouser un homme qui s'occupera d'elle, l'aimera et la protégera. Vous aurez ou n'aurez pas d'enfants, mais le couple marié est essentiel pour avoir un statut et une reconnaissance sociale. Vous gâcherez votre vie à vivre dans l'ombre d'un homme sans en être la compagne officielle. Ce serait une terrible erreur !

— Mais qui vous dit que je vais vivre dans l'ombre d'un homme ? reprit Mathilde, espiègle.

— Si vous n'êtes pas unie par le mariage à Philippe de Ségur, vous serez forcément reléguée au second plan dans la vie parisienne, ajouta Jacques-Rose Récamier.

Juliette laissa à son mari le soin de mener la conversation. Il était le représentant légal de Mathilde ainsi que l'homme de cette demeure. C'était donc à lui de raisonner la jeune fille.

— Vous n'y êtes pas, mon bon cousin, je ne vous ai pas encore totalement exposé mon dessein. Laissez-moi vous présenter toute la situation et vous comprendrez. Je vais bien me marier, m'afficher publiquement avec un homme, mais ce ne sera pas Philippe.

Les époux Récamier allaient de découverte en déconvenue ! Jacques-Rose fit un geste impatient de la main pour que Mathilde s'explique.

— Mes chers cousins, reprit-elle, ce que j'ai maintenant à vous annoncer n'est pas facile. Je voudrais préalablement vous dire que, ce choix, je l'ai mûrement réfléchi et qu'il me convient. Je n'ai nullement envie de le remettre en question et j'aimerais que votre avis, si important à mes yeux, le soutienne.

— Quel préambule, Mathilde, s'exclama Récamier, nous vous écoutons, mais dites les choses !

— Voilà, vous avez remarqué que M. Fouché ne me rend plus visite depuis une dizaine de jours.

— Évidemment, répondirent ensemble Juliette et Jacques-Rose.

— Il ne vient plus, car un marché a été conclu entre le Premier consul, le second consul et moi-même. Fouché a été désigné, malgré lui, pour jouer le rôle d'intermédiaire.

— Vous parlez de Bonaparte et de Cambacérès, les deux hommes les plus importants de l'État ? reprit Récamier en essuyant quelques perles de sueur sur son front.

— C'est exactement ça, répondit Mathilde avec fierté.

— Je suis complètement perdu, avoua Récamier.

— Le Premier consul désapprouve le célibat de M. de Cambacérès. Il trouve que cela fait mauvaise figure au sommet de l'État. Vous savez que Napoléon souhaite remettre les choses en ordre, et en particulier que tous ceux qui l'entourent se marient. Bonaparte a donc insisté pour que Cambacérès épouse rapidement la femme de son choix. À ma grande surprise, il m'a choisie et j'ai accepté !

— Mais Mathilde, comment dirais-je... Vous n'êtes pas sans savoir que M. de Cambacérès est... Comment pourrais-je dire ?

— Toujours célibataire et qu'on le soupçonne d'aimer les hommes plus que les dames, affirma Mathilde. Oui, je le sais, et cela ne me dérange absolument pas. Nous avons une grande affection l'un pour l'autre et cela me suffit.

Face aux yeux ronds de ses interlocuteurs, Mathilde souriait et se balançait, les mains sur sa taille.

— Incroyable, ahurissant ! s'exclamèrent Juliette et Jacques-Rose. Comment tout cela a-t-il pu arriver sans que nous en soyons informés ?

— Comme je vous l'ai dit, je ne voulais pas vous ennuyer avec mes soucis. En réalité, tout s'est fait très vite, expliqua Mathilde. Tout d'abord, Philippe m'apprit les souhaits de ses parents et son mariage inévitable. Puis Fouché arriva avec la terrible mission de m'annoncer la proposition de Cambacérès. Il me dit également que, si j'acceptais, sa déception serait telle qu'il ne me visiterait plus. Depuis dix jours, Fouché n'est plus venu. Aussi, vous devinez ma réponse. J'ai effectivement accepté la demande en mariage du second consul.

— Vous avez donc choisi de devenir Mme Jean-Jacques Régis de Cambacérès, dit Juliette. Quelle surprise !

— Quelle surprise, comme vous dites ! ajouta Récamier, qui tentait de gagner du temps pour reprendre ses esprits et savoir comment aborder à nouveau ce sujet avec Mathilde. Vos détracteurs vous nommeront « Mme Haec », pour reprendre le bon mot de Talleyrand.

— « Mme Haec » ? répéta Mathilde, qui ne comprenait pas.

— Ma petite Mathilde, compte tenu des mœurs supposées de M. de Cambacérès, j'ai bien peur que vous ne fassiez l'objet de railleries. Talleyrand, en voyant passer les trois consuls dans la cour, les observa et railla : « Tiens, voilà, hic, haec et hoc », ce qui en latin veut dire : « Tiens, voilà celui-ci, celle-là et ça. »

— Ce n'est pas bien gentil, reconnut-elle.

— Si ce choix est définitif, Mathilde, il faudra vous préparer à être la cible des médisants. Je tiens à vous dire qu'il me sera indispensable de prendre le temps de la réflexion pour vous donner mon accord. Mais je peux déjà vous annoncer que ce choix va vous marginaliser. Vous serez mariée sans vraiment rien partager avec votre époux et vous serez une cible facile pour ses opposants.

— J'y ai pensé, pourtant je ne serai ni mieux ni moins bien lotie que Germaine. Elle est mariée à Erik de Staël-Holstein mais ne vit pas avec lui. Elle vit maritalement, rue du Bac, avec son amant Benjamin Constant et personne ne s'en offusque. Je considère qu'elle est heureuse : elle vit comme bon lui semble, libre d'aimer celui qu'elle a choisi !

— Mais ni son époux ni son amant n'est le second personnage de l'État !

— Ma jeune vie m'a déjà appris à être solide, mon bon cousin, et ce que vous connaissez de moi, depuis presque deux ans, vous l'atteste. N'est-ce pas ?

— J'en conviens, dit Jacques-Rose du bout des lèvres.

Mathilde montra à ses cousins une tabatière finement gravée de son portrait. Elle lui avait été offerte cet après-midi par Cambacérès ; il était venu la chercher pour lui faire découvrir son hôtel particulier de la rue Saint-Nicaise, lui présenter son personnel et lui montrer les appartements.

La discussion animée de cette chaude soirée du 17 juillet 1801 avait conduit les trois convives à veiller plus tard que d'habitude. Mathilde demanda la permission de se retirer. Restés seuls, Juliette et Jacques-Rose commentèrent encore la nouvelle. L'avenir que se choisissait Mathilde n'était pas celui qu'ils avaient souhaité pour elle, mais elle semblait avoir fait son choix.

Avant d'aller se coucher, Juliette ne put s'empêcher de faire un détour par la chambre de Mathilde. Elle s'assit auprès d'elle et, sur le ton de la confidence, lui avoua :

— Il y a une chose que vous devez savoir à propos de mes relations avec M. Récamier. Il est pour moi bien plus qu'un époux.

— Je n'en doute pas, Juliette, répondit Mathilde.

— Non, vous n'y êtes pas, Mathilde. Notre mariage est scellé d'un secret.

Ce fut au tour de Mathilde d'être interloquée.

— Jacques-Rose est mon époux, reprit Juliette, mais il est aussi mon père naturel.

Mathilde n'en croyait pas ses oreilles. Juliette poursuivit :

— Pendant la Terreur, Jacques-Rose était menacé par l'échafaud. Comme il n'avait pas d'héritier et que j'étais sa fille naturelle, ma mère arrangea notre mariage pour sauver l'héritage. Cela s'est fait avec l'accord de M. Bernard, qui m'a élevée et que j'aime comme un père. Je n'ai su la vérité que très tardivement, juste un mois avant la célébration de notre mariage. M. Récamier et moi, nous nous aimons seulement d'un amour paternel et filial. Aussi n'est-il pas en mesure, dans sa position, de vous faire quelque remontrance que ce soit.

Mathilde restait bouche bée.

— C'est la première fois, reprit Juliette, que je me confie à quelqu'un sur ce sujet et ce sont les émotions de cette soirée qui m'y conduisent. Je voudrais vous recommander de ne pas négliger l'importance d'une vraie relation amoureuse dans un couple. Sachez qu'une relation platonique est parfois rude à vivre. Il est vrai que votre situation diffère de la mienne, puisque vous vivrez en parallèle votre passion avec Philippe. Pour ma part, je me suis résignée à ne pas connaître un tel amour. Je n'ai jamais eu d'amant, car je ne peux entacher, aux yeux du monde, la réputation de M. Récamier. Je ne sais si j'aimerai un jour, mais ce ne sera certainement pas pour un amour fugace.

À cette révélation, les deux femmes tombèrent dans les bras l'une de l'autre. Mathilde comprenait que quelque chose d'important manquait au bonheur de Juliette.

Dans les jours qui suivirent, Jacques-Rose donna son accord pour le mariage de Mlle Hamelin avec Cambacérès. La date de la cérémonie fut fixée au 30 janvier 1802.

10

Le retour à l'autel

Septembre 1801

Depuis le début de l'automne, l'État ne maîtrisait plus la hausse des prix. Les récoltes de l'année 1801 avaient été mauvaises après cet été très chaud, l'eau avait manqué. Les vendanges n'allaient rien donner de bon : le raisin était sec.

Ce n'était malheureusement pas l'exposition des produits de l'industrie française organisée dans la cour du palais du Louvre qui pouvait nourrir les vingt-sept millions de Français.

Le peuple avait faim et Napoléon redoutait des émeutes. Le Premier consul rêvait du jour où la science permettrait de compenser les caprices des cieux. Mais les forces de la nature restaient encore les seules à décider de l'abondance des cultures et donc de l'opulence ou de la famine.

Le 18 septembre 1801 eut lieu la seconde Exposition des produits de l'industrie française[1]. Elle avait pour but de montrer au grand public les productions des différentes branches de l'industrie française afin d'encourager les nouvelles initiatives et de les récompenser. Cet

1. La première Exposition des produits de l'industrie française avait été instaurée par le Directoire en 1798. Cet événement est à l'origine de l'Exposition universelle, dont la première eut lieu à Londres en 1851.

événement avait lieu pour la seconde fois. La première édition s'était tenue juste après la Révolution, avant que Bonaparte ne prenne le pouvoir. Mais elle avait été organisée trop tardivement et seuls les départements limitrophes de la capitale avaient pu présenter leurs réalisations.

Pour éviter cette erreur, Napoléon fit publier un arrêté ordonnant que cette manifestation ait lieu annuellement. Cette année, ce serait du 18 au 22 septembre.

Les produits les plus modernes du pays furent présentés. Le style français était sûr et audacieux, grâce à une qualité de fabrication unique issue des productions artisanales des confréries de compagnons.

Ces confréries regroupaient des artisans. Elles s'étaient formées à l'époque de la construction des cathédrales. Les plus âgés enseignaient leur métier aux plus jeunes. Tous les adolescents qui souhaitaient devenir compagnons artisans partaient pour un voyage de formation appelé « tour de France » où ils s'instruisaient des techniques de leur art auprès de leurs mentors, dans les différentes régions du pays.

Sur deux cent vingt exposants, dix-neuf obtinrent une médaille d'or : l'ingénieur Conté pour ses crayons, Pierre et Firmin Didot pour l'imprimerie, ou encore les frères Jacob pour leur mobilier. Les plus belles réalisations appartenaient à tous les corps de métier : textile, construction, ébénisterie, fonderie, quincaillerie, toile métallique, imprimerie, horlogerie et mécanique…

Bien qu'affaiblie par la Révolution et onze années de guerres, la France prouvait à travers cette exposition qu'elle avait retrouvé la première place dans la création et l'industrie du luxe. Depuis plus d'un siècle, aucune nation n'avait réussi à lui ravir cette position.

Ne plus limiter ces expositions aux Beaux-Arts, pour l'étendre à la production industrielle, changeait la donne : la compétition et l'émulation engendraient un impact économique significatif. C'est toute l'industrie française qui tentait de se surpasser pour présenter ses plus belles créations.

* *
*

Chez les Récamier, la perspective du mariage accaparait la famille. Mathilde partageait son temps entre ses deux hommes. Cambacérès incarnait naturellement son rôle de futur mari tendre et attentionné, tandis que Philippe se révélait être un amant passionné mais discret. Seule la future Mme de Ségur n'était pas associée à cette entente tripartite.

Cet arrangement n'empêchait pas des élans de jalousie entre les deux hommes. Mathilde s'en apercevait. Aussi était-il plus sage de s'en tenir à une règle stricte : la présence de l'un impliquait l'absence de l'autre.

Le 30 janvier 1802, la cérémonie entre Mathilde et le second personnage de l'État serait célébrée. Il était impossible de choisir une date plus proche, car les principaux invités et témoins n'étaient pas disponibles avant.

Le Premier consul devait être proclamé président de la République italienne à la consulte de Lyon[1] par quatre cent cinquante-deux députés ; Napoléon serait accompagné d'une délégation française composée de Joséphine, Murat, Bernadotte et Talleyrand. Cambacérès assurerait l'intérim du pouvoir pendant son absence.

* *
*

Le mois de novembre fut aussi froid que l'été 1801 avait été chaud. Cet après-midi-là, les habitués du salon de Juliette arrivèrent un à un à l'hôtel de la rue du Mont-Blanc. Le premier fut Cambacérès.

À chaque rencontre, Mathilde découvrait davantage sa personnalité fascinante, en adéquation avec ses hautes fonctions. Originaire du Languedoc, Jean-Jacques Régis de Cambacérès était né à Montpellier. Âgé de quarante-huit ans, il allait épouser Mathilde, qui en aurait tout juste dix-sept. Cette différence ne paraissait pas ridicule, tant Cambacérès portait bien ses années.

1. Réunion extraordinaire qui eut lieu du 11 au 26 janvier 1802 à la Trinité à Lyon pour rebaptiser la République cisalpine en République italienne et en instituer Napoléon président.

Le teint était clair, les lèvres régulières, le regard profond et intelligent, son long visage était marqué par un grand nez et un menton saillant. Des sourcils noirs et épais dessinaient une barre à la base du front et accentuaient son regard sombre. Son esprit rapide et étincelant forçait l'admiration, tout comme la précision et l'économie de ses mots qui caractérisaient ses interventions. « C'était un homme de savoir [...]. Habile au maniement des affaires ; parlant avec facilité et clarté, d'un tact fin et d'un jugement sûr, modéré dans ses opinions et dans son langage, patient, froid et poli, prudent jusqu'à la pusillanimité[1]. » Sa taille, largement au-dessus de la moyenne, lui donnait une allure majestueuse, son geste était lent et sa démarche chaloupée. Lorsqu'il ne portait pas l'habit rouge de consul, il était vêtu de noir. Jean-Jacques Régis avait été svelte dans sa jeunesse, mais avait gagné de l'embonpoint tant il était gourmand et gourmet.

La table de Cambacérès était l'une des meilleures de Paris. De somptueux banquets composés d'une vingtaine de plats étaient offerts le mardi et le samedi par plus de cinquante laquais.

Napoléon Bonaparte aimait d'ailleurs à dire : « Si vous êtes petit mangeur, venez chez moi ; voulez-vous manger bien, beaucoup, allez chez Cambacérès ; chez Lebrun, on jeûne[2]. » Voilà qui reflétait bien la personnalité des trois consuls. Anthelme Brillat-Savarin, grand ami de Cambacérès et cousin de Récamier, ne l'affirmait-il pas dans l'un de ses plaisants aphorismes : « Dis-moi ce que tu manges, je te dirai ce que tu es[3] » ?

Napoléon n'avait pas choisi par hasard Cambacérès comme second consul. Cet homme clairvoyant savait s'opposer à Bonaparte et lui dire le fond de sa pensée avec sincérité, chose rare dans son entourage. Napoléon écoutait systématiquement ses avis, même s'il ne les suivait pas toujours. Sa présence le rassurait. Lors de la nomination

1. Joseph Michaud, *Biographie universelle, ancienne et moderne – Supplément*, tome 60, Paris, Louis-Gabriel Michaud, 1811, p. 8.

2. Johann Friedrich Reichardt, Arthur Laquiante, *Un hiver à Paris sous le Consulat 1802-1803*, Paris, Plon, Nourrit et Cie, 1896, p. 145.

3. Balzac ne connut pas Brillat-Savarin mais l'admirait et écrivit à son sujet : Ces « maximes sont si bien formulées, que la plupart sont aussitôt devenues des proverbes pour les gourmets ». Honoré de Balzac, *Œuvres complètes de H. de Balzac*, volume 22, Paris, Calmann-Lévy, 1886, p. 234.

des consuls, Napoléon avait affirmé : « L'un gardera ma droite[1], l'autre ma gauche[2]. »

En effet, Cambacérès, à la Convention nationale, siégeait au centre gauche, dans ce qu'on appelait la Plaine ou le Marais, entre les Girondins[3], situés à droite, et les Montagnards[4], assis en haut à gauche de la chambre.

Mais le second consul était pour Napoléon bien plus encore. Il « demeurait très certainement l'inspirateur, l'éducateur et le collaborateur discret de Bonaparte, celui qui, en la forme, paraissait se complaire dans la partie honorifique et décorative de sa tâche, mais qui, au fond, suggérait au Premier consul les décisions essentielles, veillait sur lui, étudiait les données de chaque problème avec une étonnante lucidité[5]. »

Cet homme, issu d'une famille dont la noblesse de robe avait été acquise après trois générations successives de magistrats, avait perdu sa mère à l'âge de dix-sept ans. Son père, connu pour son mauvais caractère, était conseiller à la Cour des comptes, aides et finances, puis maire de Montpellier.

Le jeune Cambacérès fit des études littéraires et juridiques brillantes à Aix-en-Provence, avant de s'installer comme avocat à Montpellier. Il plaida peu mais consacra une grande partie de son activité à l'étude des lois. Plus tard, il reprit la suite de son père à la Cour des comptes de Montpellier. Son jeune frère, lui, était rentré dans les ordres et avait rejoint le séminaire Saint-Charles en Avignon.

---

1. Le troisième consul Lebrun.
2. Le second consul Cambacérès.
3. Les Girondins, largement évoqués par Lamartine dans *Histoire des Girondins*, sont un groupe d'élus de l'Assemblée nationale pendant la Révolution, principalement composé de députés de la région bordelaise (d'où leur nom). Condorcet fut des leurs. Les Girondins étaient souvent des membres du Club des Jacobins et représentaient la bourgeoisie aisée, donc la droite, en opposition aux Montagnards.
4. Les Montagnards sont un groupe politique siégeant sur les bancs les plus hauts de l'Assemblée nationale. Danton, Marat, Robespierre en furent. Ils s'imposèrent durant la Terreur.
5. François Papillard, *Cambacérès*, Paris, Hachette, 1961, p. 136.

La remarquable expertise de juriste de Cambacérès le fit choisir, en 1792, par les Montagnards pour rédiger un Code civil unique, alors qu'il était député de l'Hérault à la Convention nationale. Depuis cette date, le malheureux en était à la troisième version et désespérait de voir ce projet aboutir !

Bonaparte avait d'abord souhaité que les deux consuls résident auprès de lui aux Tuileries, afin de faciliter leurs échanges et réunions de travail. Toutefois, fort perspicace, Cambacérès avait compris que Napoléon voudrait très vite y loger seul et préféra s'installer de son côté. Il hérita donc de l'hôtel d'Elbeuf, rue Saint-Nicaise, en face de la place du Carrousel, à deux pas des Tuileries, tandis que Lebrun déménagea au pavillon de Flore, attenant aux palais.

Cambacérès, esthète et homme de goût, avait richement meublé cet hôtel de deux étages, grâce au Garde-meuble national. Mathilde habiterait ce lieu après son mariage.

Les deux consuls consacraient leurs journées aux affaires de la République et ne s'octroyaient que rarement du repos. Cambacérès fréquentait peu les salons parisiens et il était donc extraordinaire qu'il y ait rencontré Mathilde à plusieurs reprises.

Le second consul adorait le faste, le cérémonial et les décorations. Récamier s'en apercevait chaque jour dans l'organisation des noces. Ce mariage devait être somptueux. « Il est fait pour être vu ! Eh bien, nous serons vus ! », s'exclamait Cambacérès à quiconque osait émettre une réserve sur une dépense excessive. Rien n'était assez beau. Récamier était habitué à voir Cambacérès prendre les rênes d'un projet, aussi ne fut-il ni surpris ni irrité de sa volonté de s'occuper seul de l'organisation de son mariage. Mais il tenait néanmoins à être informé des détails de la cérémonie.

Jacques-Rose connaissait mieux le second consul qu'il ne l'avait laissé paraître. Proches de Brillat-Savarin, ils avaient également eu, à de multiples reprises, l'occasion de se rencontrer et de travailler ensemble, lors de la création de la Banque de France, mais aussi tout au début du Consulat.

En effet, lors de l'accession au pouvoir des consuls, les caisses de l'État étant presque vides, la France avait dû emprunter de l'argent aux hommes les plus riches du pays, dont Récamier faisait partie.

Juliette et Mathilde apprirent ainsi que Jacques-Rose était le troisième créancier de l'État, la République lui devant un million six cent mille francs.

* *
*

Les différents invités de Juliette se rassemblaient dans le grand salon où Cambacérès monopolisait la conversation. Il vantait les mérites de la fameuse Exposition des produits de l'industrie française qui avait eu lieu à Paris quelques semaines plus tôt. Il avait rencontré le matin même l'ambassadeur de France en Angleterre qui lui avait parlé de la jalousie de ses voisins et concurrents britanniques. Rien ne ferait plus plaisir à Napoléon que de se savoir envié par les Anglais ! Selon Cambacérès, ce type de manifestation était la meilleure initiative pour relancer une économie convalescente.

— Cet événement a été brillamment organisé ! s'exclama Juliette. Nous avons été impressionnés par tous nos artisans français.

— J'y ai découvert des velours d'une douceur incroyable, ajouta la jeune duchesse de Chevreuse.

— Et les cuirs imperméables, je n'en ai jamais vu de pareils ! s'enthousiasma Laure Junot.

— Moi, c'est l'horlogerie qui me fascine, reprit Monge. Je pourrais contempler des heures ces petits instruments, de vrais bijoux. Si mon épouse ne me retenait pas, j'aurais une montre dans chaque poche !

— J'ai une pendule sur chacune de mes cheminées, se vanta Cambacérès.

— Je ne me souviens pas être allée à cette exposition, l'année dernière. L'aurions-nous manquée, Juliette ? demanda Mathilde.

— Vous avez raison, mademoiselle, elle n'a pas eu lieu, répondit Cambacérès. Cet événement coûte très cher. L'instabilité politique, les guerres et le manque de finances de ces dernières années n'avaient pas pu permettre de renouveler cette expérience. Mais le jour viendra où nous rendrons cette exposition universelle. Cette compétition internationale dynamisera nos créateurs français et, croyez-moi, notre fierté républicaine sera énorme !

— Monsieur le second consul, avez-vous acquis quelques objets lors de cette exposition ? demanda Juliette.

— Oui, madame. J'ai découvert un meuble qui a immédiatement attiré mon attention, car conçu par Jacob, dont je suis un grand admirateur, et doté d'une invention des plus astucieuses. Le plateau supérieur du bureau peut recouvrir les dossiers ouverts grâce à un mécanisme élaboré par Biennais. Je pourrai ainsi cacher mes documents de travail dès qu'un visiteur entrera dans mon cabinet. N'est-ce pas ingénieux[1] ?

Soudain, Juliette aperçut le regard troublé de Mathilde. Bichat venait d'entrer. Mme Récamier observa avec attention leur rencontre. Malheureusement, Monge ne leur laissa pas le temps d'un tête-à-tête. Il aimait beaucoup le jeune médecin, qui l'impressionnait par ses découvertes et la qualité de son travail.

— Allons, Bichat, je suis heureux de voir qu'enfin vous sortez de votre hôpital. C'est que vous finirez par vous tuer à la tâche en étant sans cesse penché sur vos recherches ! On m'a dit que vous aviez ouvert « plus de six cents cadavres en un seul hiver pour expérimenter des médicaments et étudier leur action sur les tissus[2] ». Mon ami, je ne suis pas sûr que ce soit sain que de côtoyer sans cesse la mort et la putréfaction. La science est une bonne chose, mais n'y perdez pas l'envie de vivre votre vie, que diable !

Bichat s'empourpra, surpris que Monge dise haut et fort ce que certains de ses amis lui soufflaient tout bas. Monge l'entraîna et lui murmura à l'oreille :

— À moins d'épouser une de vos souris, ce n'est pas dans l'enceinte de votre hôpital que vous trouverez à vous marier !

Toujours muet, car fort timide sur ce sujet, Bichat acquiesça.

Le jeune médecin répondit au mathématicien, sur le ton de la confidence, qu'il ne pensait pas au mariage. Trop accaparé par ses travaux, il n'aurait jamais assez de temps à consacrer à une épouse.

---

1. Ce type de bureau peut être vu à La Malmaison à Rueil ou aux châteaux de Fontainebleau et Compiègne.
2. Georges Barral, *Histoire des sciences sous Napoléon Bonaparte*, Paris, Albert Savine, 1889, p. 138.

— Que voulez-vous, l'amour nécessite de la disponibilité, conclut Monge, songeur.

— Je peux bien vous le confier, reprit le jeune médecin. J'avais souhaité épouser la belle Mathilde Hamelin.

— Je suis désolé... Mon épouse me le dit sans cesse ! Je suis d'un enthousiasme naïf qui commet des bévues. Je crains de vous avoir offensé. Voulez-vous que nous en parlions, mon bon ami ? Je vous aime comme un fils.

Croyant bien faire, Monge n'arrangeait pas la situation. Sa femme lui manquait. Elle savait, dans ces cas-là, rattraper les maladresses de son mari.

— Ne vous souciez pas de moi, répondit Bichat. Je me suis réfugié dans mon travail. J'ai achevé mon *Traité d'anatomie générale*, qui est un succès. Les commentaires de mes confrères sont élogieux.

Une lueur s'alluma dans les yeux du modeste Bichat. Monge le prit par les épaules et interpella les personnes présentes pour le féliciter publiquement. Ce traité d'anatomie allait bouleverser le monde de la médecine, grâce à son analyse des propriétés vitales, qui serait enfin accessible à la recherche scientifique. Ce jeune médecin avait, sans microscope, inventé une science à part entière : la physiologie. Pour comprendre la vie animale, il savait que les scientifiques devaient penser autrement et se libérer non seulement du vocabulaire, mais aussi des lois de la physique et de la chimie des matériaux inorganiques. Ce postulat était expliqué dans ses écrits : « La science des corps organisés doit être traitée d'une manière toute différente de celles qui ont les corps inorganiques pour objets. Il faudrait, pour ainsi dire, y employer un langage différent [...]. La physiologie eût fait plus de progrès si chacun n'y eût pas porté des idées empruntées des sciences [...] qui en sont essentiellement différentes. La physique, la chimie se touchent, parce que les mêmes lois président à leurs phénomènes ; mais un immense intervalle les sépare de la science des corps organiques, parce qu'une énorme différence existe entre ces lois et celles de la vie[1]. »

1. Xavier Bichat, *Recherches physiologiques sur la vie et la mort*, Paris, Charpentier Éditeur, 1866, p. 59-60.

Ainsi, personne ne fut étonné de voir son *Traité d'anatomie générale* débuter par ce principe : « Il y a dans la nature deux classes d'êtres, deux classes de propriétés, deux classes de sciences. Les êtres sont organiques ou inorganiques ; les propriétés sont vitales ou non vitales ; les sciences sont physiologiques ou physiques[1]. »

Ce grand savant avait compris que seules les propriétés de la matière vivante expliquaient les phénomènes vitaux et que c'était dans cette direction qu'il fallait réfléchir. Il aimait répéter à ses élèves et à l'Académie de médecine, où il avait été admis le 1er juillet 1799 : « Est-il besoin de savoir ce que sont la lumière, l'oxygène, le calorique, pour en étudier les phénomènes ? De même, ne peut-on, sans connaître le principe de la vie, analyser les propriétés des organes qu'elle anime[2] ? »

* *
*

Si Cambacérès avait été seul à décider, il se serait marié en mai 1802, un mois après la mise en place du Concordat. Cela lui aurait permis d'avoir une cérémonie œcuménique, beaucoup plus solennelle qu'un mariage civil.

Cependant, Napoléon aimait être le premier dans tous les domaines. Il avait fait comprendre au second consul que, comme lui, la célébration de son union serait civile. Le sage Cambacérès s'était incliné.

Mathilde avait fait faire sa robe de mariée sur mesure. C'était une merveille. La jeune fille était superbe dans cet écrin de soie et de mousseline de couleur ivoire. Un voile de dentelle de Cambrai lui couvrait le visage. Comme Bonaparte et Lebrun, Cambacérès porterait l'habit consulaire d'apparat, rouge à palmes d'or.

Le 30 janvier, la cérémonie civile se déroula dans la salle du trône de l'Hôtel de Ville. Des tribunes avaient été installées de part et d'autre afin d'accueillir les trois cents invités de la noce. Joséphine et

1. Xavier Bichat, *Traité d'anatomie générale*, Paris, Adolphe Delahays Librairie, 1855, p. 9.
2. Xavier Bichat, *Recherches physiologiques sur la vie et la mort*, *op. cit.*, p. 56.

la majorité de la famille Bonaparte étaient installées au premier rang des gradins de droite. Seul manquait Lucien, retenu à son ambassade de Madrid. Eugène de Beauharnais était présent, mais sans son ami Philippe de Ségur qui, un peu jaloux, n'avait pas tenu à assister à la noce. Le troisième consul, Lebrun, et sa femme étaient également au premier rang. Tous les autres ministres étaient là, dont Talleyrand et Fouché, qui n'avait pu se dérober.

Dans l'autre tribune étaient réunis les membres des deux familles et les amis des époux. Ceux de Cambacérès étaient nombreux. Quelques personnalités étrangères étaient présentes, relations que le second consul avait nouées depuis qu'il était au sommet de l'État. Mathilde avait pris soin de placer Récamier aux premières loges, aux côtés de Monge et de son épouse. Derrière eux étaient assis Benjamin Constant, le couple Bernadotte, les Moreau, les cousins Matthieu et Adrien de Montmorency, Anthelme Brillat-Savarin et beaucoup d'autres.

Ce mariage, l'espace d'un instant, marquait une trêve entre républicains, royalistes, fidèles, traîtres, futurs traîtres, traîtres repentis, athées, catholiques et protestants.

Aux côtés des futurs époux se trouvaient leurs témoins respectifs, Juliette et Germaine de Staël pour Mathilde, Napoléon et le chanoine Cambacérès, frère du marié, pour Jean-Jacques Régis.

À l'issue de la cérémonie, Bonaparte murmura à l'oreille du second consul :

— Mon ami, pour quelqu'un qui dit ne pas être un grand amoureux des femmes, vous savez bigrement bien les choisir ! Un jour, elle vous envoûtera, car il faudrait être une pierre pour résister à une telle beauté.

Le cortège arriva non sans encombre à l'hôtel d'Elbeuf. Une foule de Parisiens s'était massée pour apercevoir les mariés et leur suite.

Bonaparte et son escorte avaient emprunté un chemin différent pour arriver avant les autres invités. Depuis la dernière tentative d'attentat, Fouché ne faisait prendre au Premier consul que les voies les plus larges et donc les plus rapides.

L'arrivée des époux fut remarquable. Des centaines de colombes blanches s'envolèrent dès que tous les invités eurent pénétré dans l'enceinte de l'hôtel. La rue Saint-Nicaise et la place du Carrousel grouillaient de monde. La police du second consul avait été déployée pour maintenir un semblant d'ordre. Tout ce que Paris comptait de personnages illustres était là.

Ce fut, dès le début du déjeuner, une succession de mets exquis : foie gras, perdrix, pigeons truffés et parfumés, sans oublier les magnifiques pièces montées et une multitude d'autres douceurs des meilleurs pâtissiers de la ville. Les glaces aux mille parfums de fruits et d'épices, furent exceptionnelles. Celle à l'huile d'olive, en particulier, offrit une saveur des plus raffinées. Brillat-Savarin argua que « la découverte d'un mets nouveau fait plus pour le bonheur du genre humain que la découverte d'une étoile[1] ».

— À moins que l'étoile, ce ne soit vous, murmura Cambacérès à l'oreille de la jeune femme.

Les vins de Château Latour et de Champagne coulèrent à flots. Deux cents laquais, en livrée de drap bleu galonné d'or, assuraient le service des invités.

À 5 heures précises, l'orchestre joua une composition inédite : la *Sonate pour piano n° 14* en *do* dièse mineur, opus 27 n° 2, de Ludwig van Beethoven. Bernadotte, ami du compositeur, offrait ce cadeau de mariage au jeune couple. Beethoven regretta de ne pouvoir être présent pour diriger lui-même les musiciens. Un souci de santé le retenait à Vienne et mettait à l'épreuve son impatience de rencontrer Bonaparte.

— Quel cadeau, mon cher Bernadotte, votre initiative est des plus réussies. Je ne saurais vous exprimer l'émotion que cette musique suscite en moi, remercia Mathilde. Néanmoins, il faudrait la rebaptiser pour lui trouver un nom plus chaleureux que *Sonate pour piano* n° 14 en *do* dièse mineur, opus 27 n° 2 !

Le vœu de Mathilde sera exaucé par le poète allemand Ludwig Rellstab, cinq ans après la mort de Beethoven. *La Sonate au clair de lune* était connue de tous.

* *
*

1. Jean Anthelme Brillat-Savarin, *La Physiologie du goût*, Paris, Boulé Éditeur, 1850, p. 15.

Le 8 avril 1802, le Concordat fut ratifié. « Il se composait de dix-sept articles rédigés avec une sagesse et une prévoyance remarquables. Tout y était clair, sans équivoque ; il n'y avait pas un mot qui pût choquer ou déplaire. Les biens ecclésiastiques aliénés ne pouvaient plus être réclamés et il était déclaré que les acquéreurs de ces biens devaient être, à cet égard, pleinement rassurés contre toute crainte. C'était un point immense obtenu de la condescendance d'un pape rempli de piété[1]... »

Le jour de Pâques allait consacrer la nouvelle loi. Les Parisiens étaient affairés à se préparer, quand Cambacérès frappa à la porte de Mathilde.

— Ma chère amie, je suis heureux de vous convier à une messe à Notre-Dame !

— J'en suis ravie, les Français attendent ce jour depuis des années. Un *Te Deum* va être chanté dans toutes les églises de France ! J'espère que ces messes ne seront pas sifflées par ceux qui, pendant la Révolution, ont tant voulu faire disparaître la foi catholique.

Cambacérès prit place dans une bergère du boudoir de Mathilde et répondit :

— Ma belle amie, je suis beaucoup plus serein que vous. Les anciennes habitudes rassurent, le repos et la messe du dimanche seront fort bien accueillis. Bonaparte veut gouverner les Français comme le plus grand nombre souhaitent l'être. Rétablir le culte dans leurs pratiques quotidiennes fait partie de leurs vœux les plus chers.

Mathilde sortit à cet instant de sa salle de bains, vêtue d'une robe de mousseline jaune pâle, arborant un collier de perles blanches, les cheveux coiffés en tresse retenus par un peigne d'écaille. Cette tenue simple mettait en valeur sa beauté.

Un court instant, Jean-Jacques Régis fut saisi par cette vision. Il n'osa la complimenter, sans doute par pudeur ou par timidité. Se ressaisissant, il lui offrit son bras pour descendre et rejoindre le cocher qui les attendait.

---

1. Charles-Maurice de Talleyrand-Périgord (prince de Bénévent), *Mémoires du prince de Talleyrand*, volume 2, Paris, Calmann-Lévy, 1891, p. 37.

— Je vous rappelle qu'en adoptant le calendrier républicain les mois avaient été découpés en décades. Le temps de travail était passé à neuf jours pour un jour de repos. Retrouver le rythme des six jours recevra l'approbation générale.

Il leur restait quarante minutes pour rejoindre le cortège. Jean-Jacques Régis devait prendre place dans la voiture des consuls tandis que Mathilde et Mme Lebrun seraient en retrait plus loin dans la suite. À l'angle de la rue Saint-Nicaise, le couple Cambacérès entendit le bourdon de Notre-Dame, resté silencieux depuis la Révolution. Tout au long du parcours, les badauds criaient : « Vive Bonaparte ! Vive Bonaparte ! »

Lorsque la suite arriva près du parvis de la cathédrale, la foule, déjà immense, était contenue par des gardes.

Comme prévu pendant la répétition, les trois consuls entrèrent et s'avancèrent ensemble dans la nef. Ils avaient revêtu leurs habits d'apparat et étaient coiffés du chapeau français aux trois plumes. Bonaparte arborait son sabre rapporté d'Égypte. Deux orchestres de cinq cents musiciens chacun jouaient des musiques sacrées.

Mathilde rejoignit Juliette et Jacques-Rose à l'intérieur de la cathédrale. Seuls les Parisiens les plus chanceux avaient des places assises.

La procession pénétra dans la nef. Les consuls allèrent s'installer face à l'autel. Le siège de Bonaparte était en avant et celui de Joséphine légèrement en retrait sur sa droite. Comme pour chaque cérémonie officielle, la famille Bonaparte au grand complet avait pris place derrière les hauts dignitaires et l'épouse du Premier consul.

L'archevêque d'Aix, Mgr de Boisgelin, prit la parole comme il l'avait fait lors du couronnement de Louis XVI à Reims. Cette messe solennelle rendait de nombreux généraux amers. Le général Delmas n'avait pas hésité à qualifier cette cérémonie de « belle capucinade », avant d'ajouter : « Il n'y manquait qu'un million d'hommes qui se sont fait tuer pour détruire ce qui est rétabli aujourd'hui[1] ! »

La cérémonie eut lieu sans incident. Cette fois encore, Bonaparte avait vu juste en rendant le culte catholique aux Français.

1. Adapté d'une phrase du général Delmas citée dans Louis-Pierre-Édouard Bignon (baron), Alfred-Auguste Ernouf (baron), *Histoire de France*, tome 2, Paris, Firmin Didot Frères, 1829, p. 199.

Pour célébrer l'événement, l'après-midi même, on se pressa dans le salon des Tuileries et la soirée se poursuivit chez Lucien Bonaparte. Mathilde y fut conviée avec son époux, mais à sa grande tristesse les Récamier n'étaient pas invités. Lucien, tout juste rentré de Madrid, avait souhaité éviter la présence de Juliette. La baronne de Staël aussi était absente. Il semblait que Bonaparte avait passé ses ordres, pour isoler celle qu'il voyait en ennemie.

Mathilde se rapprocha de Mlle de Chevreuse. La duchesse était extrêmement jolie, gaie et capricieuse. Elle tenait une place à part dans le monde du Tout-Paris, se permettant des audaces farfelues qui la rendaient parfois impertinente. Cependant, elle savait être attachante et gracieuse.

Elles commentèrent l'office religieux du matin. La duchesse le tournait en dérision quand Bernadotte se joignit à elles. Mathilde demanda des nouvelles de Beethoven.

— Je suis très soucieux, répondit Bernadotte. Nous nous écrivons souvent, mais à Vienne il semble s'isoler. Il ne sort plus, ne répond plus aux invitations, ce qui n'est guère conseillé pour un musicien. Il risque de perdre la confiance de ses mécènes s'il prend trop de distance avec l'aristocratie, et sa musique en pâtira !

— Que lui arrive-t-il ? s'inquiéta Mathilde.

— Diantre ! Je ne sais nullement ! Quand j'étais à Vienne, Beethoven était un homme très sociable.

— Pensez-vous qu'il souffre de mélancolie ? suggéra Mathilde.

Mais un mouvement de foule interrompit leur conversation. Les invités s'écartèrent pour ouvrir la voie à Bonaparte, qui se dirigeait vers un homme.

— Qui est-ce ? demanda Mathilde à Bernadotte.

— François-René de Chateaubriand, un écrivain de talent promis à un grand avenir. Il revient de Londres après plusieurs années d'exil. Il a également voyagé aux États-Unis et fait la rencontre de George Washington, le premier président américain. Il vient de publier un nouveau livre : *Génie du Christianisme*. Je ne l'ai pas encore lu, mais le Premier consul l'aurait trouvé excellent. C'est aussi un protégé d'Élisa.

— En publiant *Génie du Christianisme*, en parallèle à la signature du Concordat, il ne pouvait être davantage d'actualité.

La soirée se déroula dans une atmosphère gaie et plaisante. Les mets étaient excellents, les danses s'enchaînaient, Garat chanta, les comédiens Talma, Mlles de Mars et Georges jouèrent pour distraire l'assemblée.

Soudain, Mathilde croisa le regard du Premier consul, qui la dévisageait depuis quelques secondes. Il s'avança. Mathilde ne put soutenir son regard, elle savait qu'il venait vers elle. Les invités s'écartèrent pour laisser le passage, tout en continuant à les épier.

Les mots de Bonaparte furent directs, comme à l'accoutumée. Il parla à Mathilde d'une décoration qu'il allait créer pour les personnes les plus méritantes du pays : la Légion d'honneur. Cambacérès serait l'un des premiers à la recevoir et Mathilde devait être présente à cette cérémonie. Puis il ajouta, avant de tourner les talons :

— Vous êtes la beauté qui illumine cette soirée.

Elle se sentit dévisagée par tous les regards autour d'elle.

* *
*

Germaine, comme souvent, s'emportait contre Bonaparte. Elle constatait que le Premier consul avait épousé la cause de l'Église catholique dans le seul but de rallier le clergé et ses fidèles à sa personne. Cela l'affectait d'autant plus qu'elle avait grandi dans les principes de la religion réformée. Son ami Chateaubriand lui fit dès le lendemain le compte rendu de la soirée, un moment mémorable pour lui puisqu'il y avait rencontré le chef de l'État pour la première fois.

— « J'étais dans la galerie, lorsque Napoléon entra : il me frappa agréablement ; je ne l'avais jamais aperçu que de loin. Son sourire était caressant et beau ; son œil admirable, surtout par la manière dont il était placé sous son front et encadré dans ses sourcils[1]. »

— Chateaubriand, épargnez-moi ce discours mielleux qui ne vous flatte pas. Ne me dites pas qu'en une seule soirée Bonaparte vous a ensorcelé, vous aussi !

1. François-René de Chateaubriand, *Mémoires d'outre-tombe*, tome 2, Paris, Garnier Frères, 1910, p. 330.

— Vous n'y êtes pas, Germaine, il n'avait « aucune charlatanerie dans le regard, rien de théâtral et d'affecté. [...] Bonaparte m'aperçut et me reconnut, j'ignore à quoi. Quand il se dirigea vers ma personne, on ne savait qui il cherchait ; les rangs s'ouvraient successivement, chacun espérait que le Consul s'arrêterait à lui : il avait l'air d'éprouver une certaine impatience de ces méprises. Je m'enfonçais derrière mes voisins. Bonaparte éleva tout à coup la voix et me dit : “Monsieur de Chateaubriand[1] !” »

Germaine s'irritait de voir son ami si satisfait de dépeindre la scène, mais Chateaubriand, sans s'y attarder, continua :

— « Je restais seul alors en avant, car la foule se retira et bientôt se reforma en cercle autour des interlocuteurs. Bonaparte m'aborda avec simplicité : sans me faire de compliments, sans question oiseuse, sans préambule. Il me parla sur-le-champ de l'Égypte et des Arabes, comme si j'eusse été de son intimité et comme s'il n'eût fait que continuer une conversation déjà commencée entre nous. “J'étais toujours frappé, me dit-il, quand je voyais les cheiks tomber à genoux au milieu du désert, se tourner vers l'Orient et toucher le sable de leur front. Qu'était-ce que cette chose inconnue qu'ils adoraient vers l'Orient ?” Bonaparte s'interrompit, et passant sans transition à une autre idée : “Le christianisme ! Les idéologues n'ont-ils pas voulu en faire un système d'astronomie ? Quand cela serait, croient-ils me persuader que le christianisme est petit ? Si le christianisme est l'allégorie du mouvement des sphères, la géométrie des astres, les esprits forts ont beau faire, malgré eux ils ont encore laissé assez de grandeur à l'*infâme*[2].” »

— Et c'est tout ? s'enquit Germaine.

— « Fontanes[3] et Mme Baciocchi me parlèrent de la satisfaction que le Consul avait eue de ma conversation : je n'avais pas ouvert la bouche, cela voulait dire que Bonaparte était content de lui[4]. »

Mme de Staël était affligée par ce monologue sans intérêt que Chateaubriand relatait avec tant de fierté.

---

1. *Idem*.
2. *Idem*.
3. Jean-Pierre Louis, marquis de Fontanes, communément appelé Louis de Fontanes, critique au *Mercure de France*, dévoué d'Élisa Baciocchi.
4. François-René de Chateaubriand, *Mémoires d'outre-tombe*, *op. cit.*, p. 332.

— J'ai été habituée à des personnalités brillantes. Napoléon n'en est pas une. Il parle, n'écoute pas, ordonne, s'irrite, s'enferme dans ses idées et rejette toute opinion contraire à la sienne ! maugréa Germaine.

À l'évidence, Chateaubriand avait été charmé par le Premier consul. Lors de cette rencontre, il avait voulu le séduire, comme Germaine avait tenté de le faire jadis ; elle semblait l'avoir aujourd'hui oublié.

11

À la découverte d'Albion

Mars 1802

La France et l'Angleterre allaient enfin connaître la paix. Le 27 mars, un accord entre les deux pays fut trouvé entre la délégation française emmenée par Joseph Bonaparte et les représentants anglais conduits par Lord Cornwallis.

Tout souriait à Napoléon. Il avait enfin réussi à s'entendre avec les Anglais. Les conflits incessants entre les deux plus grandes puissances mondiales duraient depuis trop d'années et avaient eu des conséquences déplorables sur les finances et le développement des deux pays. L'euphorie des peuples était immense. Mais cette paix allait-elle durer ? Rien n'était moins sûr, car les signataires avaient soigneusement évité d'aborder les sujets sensibles.

Les deux pays devaient restituer les territoires conquis par fait de guerre. La France devait évacuer l'Égypte, les ports napolitains et abandonner certains territoires coloniaux. Les Anglais s'engageaient à rendre l'île de Malte aux chevaliers de l'Ordre et à restituer le plus gros port de l'île d'Elbe, Portoferraio, aux Français. La mise en œuvre de certaines dispositions de ce traité allait être laborieuse.

Juliette et Mathilde voulaient profiter de cette trêve pour se rendre à Londres, ville pour laquelle Germaine ne tarissait pas d'éloges. Quelle était donc cette liberté anglaise admirée par les philosophes français du XVIIIe siècle ? Pourquoi s'enthousiasmaient-ils sur les mœurs et les fastes de ce pays ?

Les frontières avaient été rouvertes aux voyageurs et au commerce.

— L'Angleterre ne se raconte pas, elle se vit ! affirmait Germaine à Juliette.

Mme de Staël y avait habité pendant six mois, quelques années après la Révolution, tout comme d'autres exilés tels que Talleyrand, Narbonne, Montmorency. Son anglophilie était bien connue. Elle vantait les mérites de l'aristocratie anglaise, qu'elle estimait être la plus distinguée d'Europe. Cela irritait le Premier consul, qui détestait les Britanniques et ne s'en cachait pas !

La passion de Germaine pour l'Angleterre s'expliquait certainement par sa soif de liberté. Là-bas, elle pouvait penser et écrire comme elle le voulait. Elle prônait la paix entre les deux pays depuis toujours ; en 1795, elle avait publié un essai intitulé *Réflexions sur la paix* adressées à M. Pitt[1] et aux Français.

Juliette et Mathilde étaient impatientes de découvrir ce peuple qui suscitait tant d'amour chez les uns et de haine chez les autres.

Si la réputation de Juliette avait déjà traversé la Manche, tous souhaitaient s'assurer que la société anglaise ouvrirait ses portes aux deux cousines. Cambacérès avait contacté ses relations et Germaine avait écrit à sa grande amie Georgiana, la duchesse de Devonshire[2].

Mathilde et Juliette allaient être reçues par les personnalités les plus importantes, dont le prince de Galles, fils de George III, le roi régnant, Georgiana de Devonshire, lady Elizabeth Forster[3], son frère le comte de Bristol, le duc d'Hamilton. Elles rencontreraient également l'aristocratie française exilée à Londres, avec en particulier le duc de Chartres[4], aîné de la famille d'Orléans, et ses deux jeunes frères, les princes de Beaujolais et de Montpensier. Tous avaient

1. Premier ministre anglais.
2. Ancêtre de deux princesses célèbres : lady Diana et Sarah Ferguson.
3. Amie de la duchesse de Devonshire et maîtresse du mari de celle-là, elle épousera le duc de Devonshire à la mort de Georgiana.
4. Futur Louis-Philippe d'Orléans, roi de France durant la Restauration, petit-fils de Louis XIII issu de la branche cadette des Valois.

échappé à l'échafaud, contrairement à leur père Philippe Égalité[1]. Cambacérès était resté proche de cette famille dont il avait été le conseiller juridique, avant d'entrer en politique.

De son côté, Monge avait personnellement recommandé Mathilde auprès de quelques connaissances de renom, dont l'économiste Thomas Malthus.

Londres brûlait d'impatience de rencontrer Juliette Récamier, l'ambassadrice de la mode à la française, encensée par toutes les revues. Ses moindres faits et gestes étaient commentés et sa réputation la précédait, tels les beaux mots de Benjamin Constant à son sujet : « Parmi les femmes de notre époque, que des avantages de figure, d'esprit ou de caractère ont rendues célèbres, il en est une que je veux peindre. Sa beauté l'a d'abord fait admirer ; son âme s'est ensuite fait connaître, et son âme a encore paru supérieure à sa beauté. L'habitude de la société a fourni à son esprit le moyen de se déployer, et son esprit n'est resté au-dessous ni de sa beauté ni de son âme[2]. »

Les Anglais connaissaient moins Mathilde. Ils émettaient une certaine réserve envers l'épouse du second consul. Elle était proche des dirigeants de la République et donc de Bonaparte, peu apprécié des aristocrates anglais et détesté de la noblesse française exilée.

Si la France était une république encore jeune, le Royaume-Uni pouvait s'enorgueillir d'être la plus vieille monarchie constitutionnelle du monde.

— La différence entre une monarchie constitutionnelle et la monarchie absolue, telle qu'elle était pratiquée en France avant la Révolution, est primordiale pour le peuple, expliquait Talleyrand aux deux futures voyageuses.

Cambacérès avait convié le ministre des Affaires extérieures à souper afin qu'il puisse préparer Mathilde et Juliette à leur séjour anglais. Le ministre avait vécu près de deux ans à Londres, entre 1792 et 1794.

— Laisse-t-elle plus de liberté au peuple ? demanda Mathilde.

1. Philippe Égalité fut guillotiné en 1793 à quarante-six ans.
2. Citation de Benjamin Constant extraite de François-René de Chateaubriand, *Mémoires d'outre-tombe*, tome 4, *op. cit.*, p. 376.

— Oui, on peut le dire ainsi. En Angleterre, la monarchie est héréditaire et l'actuel George III règne sur les territoires d'Angleterre, d'Écosse, du pays de Galles, d'Irlande et les territoires d'outre-mer. Bien qu'il soit le chef de l'État, une constitution limite ses pouvoirs pour les donner au Parlement. Voilà pourquoi on parle de monarchie constitutionnelle.

— Peut-être est-ce grâce à cela que la royauté anglaise perdure ? supposa Mathilde.

— Certainement, mais, vous savez, l'histoire anglaise n'a pas été qu'un long fleuve tranquille. Nos amis britanniques ont eux aussi connu la république. Ils ont fait leur révolution et ont décapité leur roi bien avant nous, il y a de cela presque cent cinquante ans ! expliqua Talleyrand en se tournant vers Mathilde, fier de l'effet que produisait son annonce.

— L'Angleterre, une république, une révolution et un roi décapité ? dirent en chœur Juliette et Mathilde.

— Oui, le tyrannique Charles Ier d'Angleterre, s'était proclamé roi de droit divin. Il voulait gouverner seul, sans laisser de place au Parlement, ce qui, comme je viens de vous l'expliquer, chez nos amis anglais, est inconcevable. Son despotisme a duré onze ans avant que son peuple se rebelle.

Les deux jeunes femmes étaient captivées par le récit de Talleyrand.

— Il avait décidé des mesures impopulaires sur deux sujets sensibles : les impôts et la religion. Il eut la maladresse d'épouser Henriette-Marie de Bourbon, une catholique. Les communautés religieuses l'accusèrent immédiatement de vouloir rétablir le catholicisme, ce qui est impensable pour les anglicans. Par ailleurs, il imposa un nouveau livre de prières aux Écossais pour harmoniser le culte dans ses différents royaumes.

— Il avait décidé cela à la manière des rois français, sans se soucier du peuple, répondit malicieusement Mathilde.

— Là, vous exagérez, répliqua Talleyrand qui n'en pensait pas moins. Deux guerres civiles se sont succédé, en 1642 et 1648, et ont conduit à la première révolution anglaise. La monarchie fut renversée, le roi décapité, une république fut créée : le Commonwealth.

— Comment en sont-ils revenus à la monarchie actuelle ? demanda Juliette.

— Ça n'a pas été simple ! Vingt ans après, Charles II[1] a rétabli la couronne de son père après de nombreuses péripéties, mais il resta sans descendance. Son frère Jacques II, dit le Catholique, lui a succédé, ce qui a déclenché la colère des aristocrates protestants. Lors de la Glorieuse Révolution[2], le roi fut à nouveau renversé, puis remplacé par sa fille et son gendre, la princesse Marie et Guillaume d'Orange. Pour en finir avec ces tergiversations religieuses, il fut signé en 1689 *the Bill of Rights*, nous dirions « la Déclaration des droits », qui stipula l'obligation pour un monarque d'être protestant et d'appliquer les droits acquis pendant le Commonwealth.

— Quand je vous écoute, Talleyrand, je ne peux m'empêcher de faire un parallèle avec la France ! Croyez-vous à un possible retour de la royauté dans notre pays ?

— Cette question est dans toutes les pensées. Napoléon lui-même le craint. Pour ma part, je ne peux qu'être solidaire à notre Consul et ne pas le souhaiter.

Talleyrand évoqua aussi l'Acte d'union de 1707, qui réunit l'Angleterre et l'Écosse en un seul et même royaume de Grande-Bretagne, avant de devenir le Royaume-Uni, par l'Acte d'union avec l'Irlande en 1800. Dans le même temps, George III abandonna toute revendication sur le trône de France, que tous ses prédécesseurs, depuis Edouard III au XIVe siècle, avaient brigué.

— Les Anglais réclamaient le trône de France ? demanda Mathilde. Quel sans-gêne !

Tout le monde éclata de rire.

Récamier ne pouvait malheureusement pas accompagner les jeunes femmes. Ses affaires l'accaparaient beaucoup en ce printemps 1802. Les financiers parisiens étaient mis à contribution pour aider l'État à déployer des mesures drastiques visant à renforcer l'économie du pays. Le neuvième régent de la banque de France,

1. Charles II est le cousin germain du roi Louis XIV de France, de la reine de France Marie-Thérèse d'Autriche, de l'électeur Charles Ier Louis du Palatinat, du duc Charles-Emmanuel II de Savoie et de l'électrice Sophie de Hanovre.

2. La *Glorious Revolution* ou encore *Bloodless Revolution*, « Révolution sans sang versé », appelée encore par les francophones « Seconde révolution », mit en place une monarchie constitutionnelle et parlementaire.

Jacques-Rose Récamier, conseillait François Barbé-Marbois, le ministre du Trésor.

Pour sa part, Germaine de Staël devait regagner la Suisse avec ses enfants pour retrouver son père au château familial de Coppet. Chaque année, elle y passait l'été, plus agréable au bord du lac de Genève qu'à Paris. Elle devait également terminer son livre, *Delphine*, dont la publication était prévue en décembre. Quant à Cambacérès, il était inutile d'y penser, l'État lui prenait trop de temps pour songer à un tel voyage.

Le 24 avril 1802, les deux cousines gagnèrent Boulogne en voiture de poste, pour embarquer à bord du *Caloquet*. La récente paix entre les deux voisins avait créé une demande importante de transport maritime entre la France et l'Angleterre. Il avait donc fallu adapter de nombreux bateaux commerciaux au transport des voyageurs.

Le pied à peine posé sur l'embarcation, les deux femmes se regardèrent. Ce bateau sentait une forte odeur d'huile de poisson. Dans le moindre recoin, la pestilence persistait jusqu'à l'écœurement. Ce désagrément aurait pu présager à lui seul la terrible traversée qui les attendait. La mer était démontée sous des coups de vent furieux qui soufflaient en rafale.

Le commandant décida d'attendre une accalmie, avant d'engager la traversée. Mathilde et Juliette décidèrent de prendre chacune une chambre dans l'auberge sur la place centrale de Boulogne afin de patienter plus confortablement.

Les conditions météorologiques ne s'étant pas améliorées depuis deux jours, le commandant décida quand même de lever l'ancre.

Il était à peine 6 heures du matin lorsque le bateau quitta le quai. Sept passagers étaient embarqués : les deux cousines, trois hommes et un couple.

À peine sortie du port, l'embarcation tangua fortement et les voyageurs ne tardèrent pas à se regrouper dans le carré central. Ils venaient se protéger des vagues qui se fracassaient contre la coque et inondaient le pont. Les passagers, blafards, souffraient en silence. Rapidement, chacun décida de regagner sa cabine pour s'allonger. Le capitaine, aux aguets, scrutait l'horizon. La nuit tombait encore vite en cette période de l'année et rendait la situation plus périlleuse.

L'arrivée sur les côtes anglaises après dix-huit heures de ballottage incessant ne fut pas moins délicate. Le cri des mouettes qui tourbillonnaient dans les bourrasques annonçait la terre proche. L'agitation de la mer rendait les manœuvres compliquées, mais le capitaine finit par identifier l'entrée du port de Douvres.

L'Angleterre était là ! L'abordage fut difficile, compte tenu de la force des lames d'eau et du courant qui faisait dériver le bateau. Le navire s'engagea à une vitesse qui parut folle. Chacun était terrorisé à l'idée de percuter la digue.

Heureusement, dès son entrée dans le port, le *Caloquet* trouva des eaux plus calmes. Lorsqu'elles débarquèrent sur la terre ferme, Juliette et Mathilde conservèrent encore la sensation du mouvement de la houle. D'un commun accord, elles décidèrent de rester deux jours à Douvres, afin de reprendre des forces avant de poursuivre leur route vers Londres.

* *
*

Immense, la capitale britannique était sans doute la ville la plus peuplée d'Europe : un million d'habitants, leur avait dit Talleyrand. La Tamise coulait jusque dans les faubourgs qui prolongeaient la cité.

En Angleterre, il était assez habituel pour une famille bourgeoise de posséder deux maisons, la première en ville, la seconde dans les faubourgs.

Paris ressemblait à un nid de fourmis, avec ses ruelles étroites où l'air était malsain, face à cette ville aux rues larges et aux trottoirs spacieux.

Néanmoins, le temps était souvent maussade, la ville humide et le brouillard fréquent.

Juliette et Mathilde étaient logées chez une cousine de leur amie Mme de La Harpe. Cette dame de quatre-vingt-six ans avait émigré en Angleterre lors de la Révolution. Partie chez sa fille, elle avait généreusement mis sa maison et son personnel à la disposition des deux cousines.

La première sortie des jeunes femmes était de choix. Elles étaient invitées à prendre le thé chez la célèbre duchesse de Devonshire.

Talleyrand les avait informées de cette coutume typiquement anglaise. La Devonshire House se trouvait sur Piccadilly. Dessinée par l'architecte William Kent, cette demeure avait été très critiquée, en raison de son aspect austère : un gros bloc central encadré, de part et d'autre, de deux ailes massives. Cependant, l'intérieur contrastait par la richesse de sa décoration, qu'une collection d'art constituée au fil des générations rendait extraordinaire.

Trente personnes avaient été conviées pour cet événement, dont de nombreux aristocrates français. La duchesse les accueillit avec chaleur et les présenta.

Mathilde parla longuement avec l'aîné des princes d'Orléans, le duc de Chartres[1]. Il s'était réfugié à l'étranger malgré le soutien qu'il avait apporté avec son père à la Révolution ; engagé dans l'armée des sans-culottes, il avait rejoint les jacobins dès 1790 mais, écœuré par les excès de la Terreur, il avait déserté l'armée française. Cette fuite fut considérée comme une traîtrise et envoya son père à l'échafaud en novembre 1793.

Rejeté par les royalistes pour sa participation active à la Révolution et par les républicains à la suite de sa désertion, il avait trouvé refuge à l'étranger. Ses années d'exil avaient été très dures. Parti d'abord en Suisse, puis en Allemagne, il avait gagné la Suède, pour finalement débarquer aux États-Unis en 1796. Il avait ensuite erré pendant quatre ans à Philadelphie avant de rejoindre l'Angleterre il y a deux ans, souhaitant se rapprocher de son cousin Louis[2], frère de Louis XVI, héritier du trône de France. Cette réconciliation n'était pas aisée.

Le duc de Chartres était impatient de connaître l'épouse de Cambacérès, car il avait beaucoup d'estime pour celui qui avait été le conseiller de sa famille avant la Révolution. Il souhaitait s'informer auprès de Mathilde sur la situation de la France et ne cessait de la questionner pour tout savoir sur Bonaparte et sa politique. Il était aussi très curieux d'en apprendre plus sur le Code civil préparé par son époux.

1. Le duc de Chartres deviendra Louis-Philippe Ier, le dernier roi des Français.
2. Le futur roi de France Louis XVIII.

Mathilde fut touchée par l'intérêt du jeune duc. Il était âgé d'à peine vingt-six ans, la France était son pays et elle sentait qu'il souffrait d'en être éloigné.

— Mathilde, ne soyez pas timide et rebellez-vous si M. le duc de Chartres vous accapare trop longtemps, plaisanta la duchesse de Devonshire.

Mathilde sourit.

— Sa conversation est au contraire fort intéressante. Je suis à la fois surprise et ravie de voir qu'un prince, si proche de l'héritier du trône, soit aussi sensible à la cause du peuple !

L'après-midi avait été riche en rencontres et découvertes. En particulier, les deux Françaises avaient été séduites par le parfum subtil de cette boisson méconnue en France que les Anglais appelaient le « thé ».

— La duchesse de Devonshire est remarquable, ses idées sont en avance sur son temps. Je ne suis pas surprise qu'elle soit si proche de Germaine, commenta Juliette sur le chemin du retour.

La duchesse, née lady Georgina Spencer, était âgée de quarante-cinq ans. Ses salons étaient célèbres et réunissaient la haute société britannique. Elle avait été la muse du peintre Thomas Gainsborough et était restée très séduisante malgré la perte d'un œil qu'elle cachait sous une mèche de cheveux.

Passionnée de la politique[1], elle fut accusée d'avoir acheté des voix pour faciliter le succès de Charles James Fox, des Whigs[2], lors des élections de 1784.

— Son mariage n'est hélas pas heureux, déplora Juliette.

— Comment le savez-vous ? s'étonna Mathilde.

— Elle m'a présenté la maîtresse de son mari et Germaine m'avait avertie.

1. Elle devança de plus d'un siècle les suffragettes, mouvement féministe qui se développa au début du XIXe et qui permit aux femmes d'obtenir le droit de vote à partir de l'âge de vingt et un ans en 1928. En France, le droit de vote des femmes ne fut accordé que le 21 avril 1944.

2. Parti politique anglais qui soutient un pouvoir parlementaire fort face au pouvoir royal.

— Elle vous a présenté sa rivale ?

— Oui, et sachez que c'est elle-même qui a présenté sa meilleure amie, lady Elizabeth Foster, au duc de Devonshire. Ils ont déjà eu deux enfants. Quant à la duchesse, elle est la maîtresse du comte Charles Grey, avec lequel elle a une fille, Eliza Courtney[1].

Le lendemain, les deux jeunes femmes eurent un après-midi chargé. Juliette fut conviée par le marquis de Douglas[2] pour une promenade en calèche au parc de Kensington.

Pour sa part, le duc de Chartres avait emmené Mathilde à la rencontre d'une de ses amies artistes, arrivée quelques semaines plus tôt à Londres. Elle exposait ses œuvres au 67 George Street.

Ils entrèrent dans un vaste espace, composé de salons en enfilade. Une femme d'une quarantaine d'années était en grande conversation avec une jeune et jolie personne. Ni l'une ni l'autre ne s'aperçurent de la présence des visiteurs. Mathilde et Louis-Philippe en profitèrent pour contempler les œuvres de l'artiste.

— Ce sont des statues de cire, expliqua Louis-Philippe.

— C'est fantastique de pouvoir voir de si près Louis XVI, Voltaire, Rousseau, M. de Lafayette et Benjamin Franklin.

Elle les avait reconnus grâce à de petits panneaux sur lesquels leurs noms étaient inscrits.

Bientôt, la sculptrice rejoignit les deux jeunes gens. C'est ainsi que Mathilde fit la connaissance de Marie Tussaud. Ils conversèrent longuement tous les trois. Leur hôte fut touchée par l'intérêt que ces visiteurs portaient sur son art et décida de partager avec eux une pièce unique.

— J'ai quelque chose que vous n'avez jamais vu, car je ne le montre que très rarement, dit-elle. Mais nous sommes en Angleterre et, ici, nous sommes libres !

Elle disparut dans une salle voisine et revint avec un paquet dont elle sortit un masque.

1. Aïeule de Sarah Ferguson.
2. Futur duc d'Hamilton.

— Je ne devrais pas avoir cette pièce, confia-t-elle avant de dévoiler son œuvre. C'est une copie que j'ai faite en secret. L'originale est restée chez mes bourreaux, en France.

— Marie-Antoinette ! s'exclama Louis-Philippe. Il restait là, ahuri, à regarder le visage de sa grand-tante, dernière reine de France.

— Son masque mortuaire, oui... Je peux également aller chercher celui de Louis XVI. Ce sont les deux seuls que j'ai copiés. Mais sans aucun doute les deux plus importants.

Le masque avait été réalisé juste après son exécution. Mathilde voulait en savoir davantage sur les œuvres, l'art et la vie de cette artiste peu commune.

— Voyez-vous, Mathilde, je suis née à Strasbourg, en Alsace. J'ai quitté ma ville natale très tôt, quand, à la mort de mon père, j'ai rejoint ma mère en Suisse. Elle était la femme de ménage d'un homme très bon que j'ai vite appelé « mon oncle ». Il m'a tout appris sur mon métier de sculpteur de cire.

— Lui-même était sculpteur ? demanda Mathilde.

— Il était médecin. Il avait appris cet art pour reproduire les corps humains afin de mieux expliquer à ses élèves comment opérer. Mais un jour il décida de réaliser des portraits. Il fit une exposition qui eut beaucoup de succès et eut tellement de commandes qu'il m'apprit la technique pour que je puisse l'aider. Je réalisais alors mes premiers personnages de cire. Certains d'entre eux sont exposés ici. Mon succès m'amena à vivre à Versailles, car Louis XVI m'avait remarquée. Ce fut la source de mes malheurs. Proche du roi et de la reine, je fus prisonnière lors de la Révolution. J'ai bien failli être guillotinée, moi aussi !

— Comment avez-vous été épargnée ? interrogea Mathilde, saisie par cette terrible histoire.

— Figurez-vous que je fus libérée en même temps que Joséphine de Beauharnais, la femme de votre Premier consul. Nous étions dans la même cellule. Mais personnellement, c'est mon art qui m'a sauvée !

— Comment cela ?

— Ce qu'ils m'ont demandé était inimaginable, et pourtant je l'ai fait. Ils ont exigé que je réalise les masques mortuaires des guillotinés. Or beaucoup étaient de mes amis. Ce fut terrible ! Après cela, ils m'ont rendu ma liberté. Aujourd'hui, j'ai souhaité quitter la France pour tout oublier. Voilà pourquoi je suis à Londres depuis quelques semaines, profitant de cette nouvelle paix qui a ouvert nos frontières…

Mathilde et Louis-Philippe étaient bouleversés par l'histoire de Mme Tussaud. La jeune fille s'empressa de partager le récit de cette rencontre avec Juliette dès son retour.

* *
*

Le séjour des deux Françaises dans la capitale anglaise était vraiment merveilleux. Chacune avait fait la connaissance de différentes personnalités. Elles sortaient tantôt ensemble, tantôt seules.

Le lendemain de sa promenade dans les jardins de Kensington, Juliette rencontra le prince de Galles chez la duchesse de Devonshire. L'héritier du trône d'Angleterre fut lui aussi conquis par la jeune Française. Il l'entoura d'une attention toute particulière et la convia à l'Opéra dans une loge mise à leur disposition par la duchesse. Il lui offrit d'être son cavalier à différentes soirées mondaines, nombreuses dans la capitale. Ils ne se quittaient plus.

Mathilde, quant à elle, appréciait de plus en plus la compagnie de Louis-Philippe, qui lui servait de guide dans l'immense cité. Comme elle l'avait promis à Monge, elle visita Thomas Malthus, économiste aux théories très controversées sur l'avenir du monde. Jamais Mathilde n'avait rencontré homme plus pessimiste.

— C'est un inquiet, il est un peu effrayant ! confia Louis-Philippe à Mathilde dès qu'ils le quittèrent.

Malthus leur avait démontré qu'il était indispensable de contrôler le nombre de personnes sur Terre. Le livre qu'il venait de publier, *Essai sur le principe de population*, annonçait que les générations futures n'auraient plus suffisamment de vivres pour se nourrir.

— Les ressources naturelles augmentent de manière linéaire, tandis que la croissance de la population se fait de manière exponentielle.

— Que signifie « linéaire » ? demanda Mathilde. Et « exponentielle » ?

— Une croissance linéaire est une croissance que l'on peut qualifier de constante pendant une période donnée : l'augmentation de la population est proportionnelle au temps. Une croissance exponentielle correspond à une augmentation de la population plus rapide pour une même échelle de temps, répondit Malthus.

— Donc, les populations augmentent plus vite que la production des denrées, conclut Louis-Philippe.

— Exactement ! reprit Malthus. Je prévois donc une véritable catastrophe pour les générations futures : l'épuisement des ressources terrestres à la suite de cette croissance illimitée et incontrôlable de notre population.

— C'est terrible ! Que faut-il faire ? demanda Mathilde.

— Dans l'immédiat, il faudrait pouvoir contrôler les naissances et cesser d'aider les miséreux[1]. Ces mesures avec les conflits et les maladies sont les seules qui permettent d'enrayer la croissance humaine.

— Mais que dites-vous ? s'offusqua Mathilde. Nous n'allons tout de même pas considérer que les terribles guerres, les épidémies et la pauvreté sont souhaitables et nécessaires…

— Justement, elles le sont ! répondit fermement Malthus. Si nous voulons lutter contre le déclin inéluctable du monde et garantir assez de ressources pour les générations futures, je ne vois pas d'autres solutions.

— Ce que vous dites est épouvantable ! ajouta Louis-Philippe. Je comprends pourquoi votre essai a provoqué tant de critiques et de polémiques. On ne peut laisser mourir le peuple de faim, on ne peut engager des vies dans des guerres sans se soucier des pertes humaines, et encore moins se réjouir d'une épidémie dévastatrice ! D'ailleurs, vous, Anglais, n'avez-vous pas plutôt à faire face à une accumulation de réserves ? Vos stocks, comme vous dites, encombrent vos docks. Vous avez besoin du reste du monde pour les écouler et faire tourner votre économie, seuls vous n'êtes pas assez nombreux !

Mathilde et Louis-Philippe s'interrogeaient sur le bien-fondé des hypothèses de l'économiste. Louis-Philippe, plus optimiste, pensait que le progrès industriel permettrait de produire mieux et plus. L'Angleterre donnait justement l'exemple. Grâce à la modernisation et au progrès, les Britanniques avaient constitué d'immenses réserves

1. Les politiques de restriction démographique inspirées de Malthus sont appelées des « politiques malthusiennes ».

qu'ils ne pouvaient consommer en totalité. Le jeune duc pensait avoir mis le doigt sur une faiblesse du raisonnement de Malthus[1].

— Je dois lire cet essai et tenter de comprendre ses conclusions, affirma-t-il. Peut-être me seront-elles utiles, un jour, pour prendre les décisions appropriées !

Le raisonnement de Louis-Philippe était plein de bon sens. En effet, en ce début de XIXe siècle, les progrès industriels anglais étaient tels que certaines manufactures avaient moins besoin de personnel, entraînant un chômage important.

À peine rentrées chez elles au 44 Portland Place, ce soir-là, Mathilde et Juliette se racontèrent leur journée. Juliette fut terriblement déçue de ne pas avoir participé à l'entrevue avec Malthus, tant elle était stupéfaite de ce que sa cousine lui rapportait.

— Ce Monge a toujours le chic pour nous mettre en relation avec ceux qui feront le monde de demain ! s'exclama Mathilde.

— C'est une des raisons qui explique sa proximité avec le Premier consul. Monge est intelligent et visionnaire. Après une simple conversation, il sait immédiatement si vous serez intéressant ou ennuyeux. Et vous, Mathilde, je peux dire, sans vous flatter, qu'il vous a tout de suite adoptée !

Mathilde sourit à la délicate remarque de Juliette. C'est vrai qu'elle aimait ce Gaspard Monge qui lui avait immédiatement manifesté une tendresse paternelle, un peu la même que celle qu'il avait offerte à Bichat.

— Vous a-t-il suggéré d'autres rencontres ?

— Il a insisté pour que je rencontre un autre savant qui le fascine, un certain Thomas Young. Mais Louis-Philippe ne le connaît pas personnellement. Je crains que ce soit compliqué.

— Louis-Philippe, encore, vous ne vous quittez plus ! plaisanta Juliette.

---

1. L'Inde et la Chine, les pays les plus peuplés du XXIe siècle, ont adopté des politiques malthusiennes. Depuis Malthus, l'industrialisation a différé ce problème. Mais, face à l'épuisement des ressources naturelles et aux problèmes écologiques, la question est à nouveau d'actualité.

— Vous non plus avec le prince de Galles, répondit Mathilde qui avait bien noté le dévouement princier.

Les hommes tombaient sous le charme des deux jeunes femmes. Juliette aimait plaire et séduire, mais restait inaccessible. Ses amoureux, sans être éconduits, le découvraient progressivement et se transformaient en amis fidèles. C'est ainsi que Mme Récamier s'était constitué une cour d'hommes dévoués.

Bien qu'adulée, Mathilde pressentait que sa cousine ne serait jamais comblée. Son mariage avec Jacques-Rose Récamier restait une relation filiale, loyale et respectueuse, mais laissait un grand vide amoureux. Elle la supposait encore sans expérience sexuelle à vingt-trois ans, et l'idée que sa cousine ne cède jamais à personne la tourmentait.

12

Déjà Napoléon perçait sous Bonaparte

Juin 1802

À son retour à Paris, au début du mois de juin, Juliette trouva une lettre de Germaine, qui lui annonçait le décès de son époux. Il était de dix-sept ans son aîné et avait cinquante-trois ans. Même si elle ne vivait plus avec lui depuis plusieurs années, le baron Erik Magnus de Staël-Holstein, ancien ambassadeur du roi de Suède, restait officiellement le père de ses trois enfants.

L'union de la jeune demoiselle Necker avec ce diplomate suédois n'avait pas été un mariage d'amour, en tous les cas, pas pour elle. Germaine, jeune femme libérée, avait toujours voulu vivre comme elle l'entendait. Sa vie sentimentale était agitée et, les rares fois où elle parlait de cet époux, elle affirmait : « De tous les hommes que je n'aime pas, mon mari est celui que je préfère. » Cela résumait tout.

Depuis plus de deux ans, le baron se portait mal, tant physiquement que financièrement. Germaine le savait mais n'intervenait pas. Napoléon Bonaparte s'ulcérait de voir cette épouse gérer si bien ses affaires, vivre dans l'opulence et laisser son mari dans la misère. Pour lui, comme pour la loi, une femme appartenait à son mari et sa fortune avec.

Germaine devint veuve à l'âge de trente-six ans. Cette mort lui rendait officiellement sa liberté, mais elle n'était pas prête à se remarier. Elle tenait à son titre de baronne bien plus qu'à l'homme qui le lui avait offert.

En arrivant en Suisse, elle ne fut pas affectée de cette disparition ; d'autres préoccupations l'accaparaient. Dans le château familial, loin des foudres du Premier consul, elle retrouvait son père, complice de toujours, qu'elle admirait. À chaque retour de Paris, elle lui décrivait la situation politique du pays, lui racontait ses craintes, ses colères et ce bras de fer qu'elle avait engagé avec Bonaparte. Le dernier coup bas du Premier consul avait été de renvoyer Benjamin Constant du Tribunat[1], avec vingt de ses collègues. Elle perdait ainsi sa tribune dans cette assemblée, puisque Benjamin y parlait d'une seule voix, la leur.

Lors de leurs conversations, elle veillait à stimuler intellectuellement le vieil homme. Ancien ministre de Louis XVI et acteur majeur de la Révolution, elle suscitait ses conseils pour guider la France. Elle l'avait convaincu d'écrire ce qui serait son dernier essai, *Dernières vues de politique et de finances.* Mais sous les mots du père, la griffe de Germaine se retrouvait page après page. D'un ton vif et éloquent, Necker faisait un bilan de la situation de la France puis exposait les principes qui devaient, selon lui, régir les affaires. Cette écriture à quatre mains avait été rapide et le manuscrit était prêt. Tous deux attendaient le meilleur moment pour le publier. Il ne fallait plus tarder.

Pendant ce temps, les Récamier avaient regagné pour l'été le château de Clichy-la-Garenne. Mathilde avait décidé qu'elle-même y serait beaucoup mieux qu'à Paris, où il faisait fort chaud.

Cambacérès viendrait deux fois par semaine prendre le souper avec sa femme, mais il rentrerait le soir rue Saint-Nicaise pour rester proche des Tuileries et du Premier consul. Philippe de Ségur, lui aussi, faisait des visites fréquentes à sa bien-aimée.

Cet après-midi-là, jour du salon de Juliette, Monge arriva le premier, le visage sombre et fermé. Surprise, Juliette se précipita pour lui demander ce qui n'allait pas.

— Ma pauvre amie, répondit le mathématicien, j'ai une terrible nouvelle à vous apprendre, mais je ne sais comment vous l'annoncer.

1. Benjamin Constant fut renvoyé le 17 janvier 1802.

— Vous m'inquiétez, mon bon Monge, que se passe-t-il ?

— Un malheur, ma bonne amie, un malheur.

Monge prit place auprès de Juliette et Mathilde.

— Le jeune Bichat est au plus mal. À l'heure où je vous parle, c'en est peut-être fini pour lui ! Cela fait quatorze jours qu'il est à l'agonie, qu'il souffre de tout son corps. Et puis, dit-il avec un geste de désespoir et de colère, il n'a voulu prévenir personne à part Corvisart[1]. Je suis resté tout l'après-midi d'hier à son chevet, puis j'ai laissé ma place à son père, qui arrivait de province.

— Xavier ? s'inquiéta Mathilde, toute pâle. Xavier Bichat ? Mais qu'a-t-il ? Nous l'avons vu il y a à peine quelques semaines et il semblait être fort bien !

— Il y a quinze jours, il a visité les nouvelles salles de dissection à l'hôpital de l'Hôtel-Dieu. Le malheureux a glissé dans l'escalier et s'est fait une plaie assez profonde sur le cuir chevelu. Il a beaucoup saigné et a perdu connaissance. Quelques jours plus tard, il a été pris d'une fièvre très violente, de maux de tête abominables, de troubles intestinaux et oculaires et d'une multitude d'autres symptômes, dont la perte de poids…

— Va-t-il s'en sortir ? questionna Mathilde qui retenait son souffle.

— Hélas, c'est très grave, Corvisart est très pessimiste. Mais nous ne savons pas exactement les causes de son mal, répondit le pauvre Monge, accablé. Sa chute n'était pas mortelle et ne peut expliquer à elle seule cet état… Que voulez-vous, à passer son temps penché sur des cadavres afin d'étudier leur anatomie et leur physiologie, ce jeune homme a pris le risque d'attraper des maladies. Il aurait disséqué plus de six cents cadavres en un hiver, vous rendez-vous compte !

— Pauvre Xavier ! reprit Juliette, qui se rappelait le beau regard du jeune médecin, fier d'annoncer le succès de son dernier traité.

Mathilde était au désespoir. Même si leurs vies n'avaient fait que se croiser, elle restait émue de la tendresse qu'il lui avait manifestée. Elle se reprochait de l'avoir si rapidement éconduit.

1. Médecin de renom reconnu par ses pairs. Jean-Nicolas Corvisart sera le médecin personnel de Joséphine et Napoléon à partir de 1804.

Une heure après cette conversation, un billet arriva annonçant la mort du jeune homme. Marie François Xavier Bichat mourut par un bel après-midi d'été, le 22 juillet 1802 : il avait trente et un ans.

En faisant part de son décès à Napoléon, Corvisart écrivit à propos du jeune médecin-chef, qui avait obtenu ce titre à vingt-neuf ans : « Bichat vient de mourir sur un champ de bataille qui compte aussi plus d'une victime ; personne en aussi peu de temps n'a fait autant de choses et aussi bien[1]. »

Le surlendemain, les obsèques du jeune homme furent célébrées à Notre-Dame. Jamais Mathilde n'avait vu autant de monde à des funérailles. Tout ce que Paris comptait de médecins était venu rendre hommage au jeune savant. Ses élèves étaient au premier rang pour célébrer leur maître. Parmi eux, Laennec et Broussais, qui se promirent ce jour-là de poursuivre les recherches du grand homme et de se montrer dignes de sa mémoire.

Xavier Bichat fut inhumé au cimetière du Père-Lachaise. Gaspard Monge avait perdu celui qu'il avait aimé comme un fils. Mathilde, quant à elle, garda dans son cœur le souvenir ému de leur première rencontre.

* *
*

La vie reprit son cours au château de Clichy. L'après-midi du 30 juillet, M. Récamier trouva Juliette, Mathilde et Mme Bernard en grande conversation sur la terrasse.

— Vous parlez, j'en suis sûr, de la nouvelle Constitution[2] ! dit-il.

— Effectivement, répondit Juliette. Nous avons reçu la brochure de notre ami Camille Jordan[3], l'ancien député aux Cinq-Cents. Elle a été initialement saisie, mais mon ami Joseph de Gérando vient de nous la faire porter.

---

1. Louis-Gabriel Michaud, *Biographie universelle ancienne et moderne*, volume IV, Paris, Chez Mme C. Desplaces, 1854, p. 287.

2. Constitution que l'on a appelée « Constitution de l'an X ».

3. Il est l'oncle de Camille Périer, futur régent de la Banque de France, en 1822, qui sera président du Conseil jusqu'à sa mort, en 1831.

— Vous avez fait fonctionner votre réseau lyonnais, si je comprends bien... Lire un essai interdit, M. de Cambacérès n'aimerait point cela ! remarqua Jacques-Rose en plaisantant.

Juliette reprit :

— Cet ouvrage est intitulé *Vrai sens du vote national sur le Consulat à vie*. Nous nous disions, après l'avoir feuilleté, que nous y retrouvions l'âme vindicative de Mme de Staël contre Napoléon !

— Camille Jordan est son confident, nous le savons, et le Premier consul le sait aussi. Décidément, Germaine ne perd pas une occasion de se faire remarquer, commenta Jacques-Rose. Et que dit Jordan ?

— Qu'il votera lui-même en faveur du Consulat à vie. Mais que son vote et celui de tous les bons citoyens restaient défavorables à un pouvoir despotique.

— Étant donné la façon dont va être organisé ce scrutin, fit observer Récamier, il n'y a guère que M. de Lafayette qui se sente suffisamment libre pour voter non et l'affirmer à haute voix !

— En diminuant les pouvoirs du Corps législatif et du Tribunat[1], tout en augmentant ceux du Sénat conservateur, à sa botte, Napoléon s'octroie les pleins pouvoirs. C'est ce que m'explique Germaine dans sa lettre. Elle est furieuse, insista Juliette.

Plus modéré que Germaine de Staël, Récamier reconnaissait que le résultat du plébiscite ne faisait aucun doute.

— Ce sera un oui massif, qui ouvrira à Napoléon une « voie royale », pour un pouvoir quasi absolu.

Le 2 août 1802, les citoyens français se rendirent aux urnes pour répondre à la question : « Napoléon Bonaparte sera-t-il consul à vie ? » La réponse fut effectivement un « oui » quasi unanime.

Mais ce scrutin ne s'était pas fait à bulletins secrets. Les neuf millions de Français appelés à voter eurent le choix d'apposer leur signature soit dans la colonne des « oui », soit dans la colonne des « non » du registre qui leur était présenté. Les électeurs avaient préféré voter favorablement par peur des représailles. Le sénatus-consulte

1. Assemblée qui désormais ne comportera plus que cinquante membres.

organique du 16 thermidor an X[1] signait ainsi l'acte de naissance de la Constitution de l'an X.

Napoléon voyait ses pouvoirs déjà immenses encore accrus. Il pouvait signer seul les traités, légiférer, dissoudre les assemblées législatives, gracier... Il pouvait même se choisir un successeur. Le principe de l'hérédité était aussi introduit implicitement dans la Constitution : le Premier consul pourrait présenter ses descendants ou d'autres membres de sa famille pour lui succéder. Par ailleurs, le suffrage universel disparaissait au profit du suffrage censitaire[2] et le renouvellement du Sénat se ferait par cooptation d'après une liste présentée au Premier consul, lequel pourrait nommer directement lui-même quarante sénateurs sur les quatre-vingts que comptait cette assemblée. Enfin, les deuxième et troisième consuls seraient nommés par le Sénat sur la présentation du Premier.

Tandis que Germaine de Staël dénonçait cette nouvelle domination du Premier consul, pourtant acquise en toute légalité, Mathilde était perplexe. Elle comprenait bien les craintes et colères de chacun mais était impatiente de connaître le point de vue de son époux. À quoi bon organiser un plébiscite à vote ouvert si les résultats étaient courus d'avance ?

Mathilde profita du souper, en tête à tête avec Cambacérès, pour lui demander :

— Mon ami, j'ai besoin de vos lumières d'homme d'État pour m'expliquer les dernières mesures. Cette nouvelle Constitution : est-ce un bien, est-ce un mal ? Je ne sais plus dans quel camp me ranger !

Cambacérès leva les yeux, étonné par cette entrée en matière.

— Pardon, Mathilde, vous dites ?

— Je ne comprends pas pourquoi, après les années terribles de la Révolution, de la Terreur et du Directoire, après tous ces combats qui ont tellement coûté aux Français, Napoléon revient à un mode de gouvernement monarchique. La France a tant lutté pour qu'une république s'installe et fonctionne en démocratie, avec un pouvoir

1. Le 4 août 1802.
2. Mode de suffrage dans lequel le droit de vote est réservé aux citoyens dépassant un seuil d'impôt direct, appelé « cens ».

législatif qui contrebalance le pouvoir central, que je n'arrive pas à saisir sa logique. Je ne vous cache pas que je ne suis pas la seule.

— Ah ! Je sens là l'influence de Mme de Staël... Me trompé-je ?

— Jean-Jacques, ne plaisantez pas, je vous demande tout cela, car je suis inquiète. Avec ces mesures, Napoléon se crée des ennemis et je ne sais comment les choses vont évoluer.

— Les expliquer simplement n'est pas aisé. Tout cela est subtil, mais pour être succinct, je vous dirai que Napoléon a peur.

— Napoléon a peur ? Mais peur de qui ?

— Il a peur, car il est seul au pouvoir. Il a peur de ce qui se passe autour de lui, des menaces extérieures, de l'insécurité permanente dans laquelle il vit, des complots qui sans cesse s'organisent et sont déjoués par nos polices, souvent au dernier moment. Il sait que plusieurs personnalités sont susceptibles de le remplacer et que certains conspirent dès qu'il a le dos tourné. Vous imaginez-vous vivre dans une atmosphère pareille ?

Mathilde écoutait avec attention Cambacérès. Elle restait muette, attendant la suite de ses explications.

— Si demain Napoléon est assassiné ou renversé, que se passera-t-il ? Ni vous ni moi ne pouvons le dire, mais tous, nous gardons en tête le marasme politique et social qui s'est installé en France après la Révolution. Napoléon tente de légitimer sa position au sommet de l'État, de façon à mieux contrôler la situation en cas d'événement grave, afin que l'œuvre accomplie depuis le Consulat ne soit pas balayée d'un revers de main. Tenez, cela fait dix ans que je me transporte d'un gouvernement à l'autre, avec mon Code civil sous le bras. Nous sommes sur le point de le terminer. Mais si demain Napoléon disparaissait, il faudrait peut-être tout recommencer dans un, deux ou quatre ans !

— Je comprends, mais est-il bien raisonnable qu'un homme, quel qu'il soit, dispose de tant de pouvoirs ? demanda Mathilde. Que se passerait-il si Napoléon devenait déraisonnable et ne vous écoutait plus, vous, ses conseillers ?

— C'est que nous aurions mal fait notre travail ! répondit Cambacérès. Le risque d'une déstabilisation à la tête de l'État n'est pas à exclure, compte tenu des menaces. Vous ne soupçonnez pas le nombre d'attentats déjoués chaque mois. Il reste tant à faire pour redresser et moderniser le pays que, même si je n'ai pas encouragé le Premier consul dans sa décision, je l'accepte.

* *
*

La soirée du 16 août 1802, Juliette organisait, au château de Clichy-la-Garenne, un dîner à la demande d'Élisa Baciocchi, la sœur aînée du Premier consul. Elle souhaitait rencontrer M. de La Harpe, membre de l'Académie française et ami cher de Juliette. Il n'était plus tout jeune et avait été le protégé de Voltaire lors de la publication de son livre *Héroïdes*. Mais il était surtout connu pour son fameux ouvrage de dix-huit volumes, *Lycée ou Cours de littérature*, paru en 1799, qui rassemblait tous les cours qu'il avait dispensés pendant douze ans d'enseignement en lycée et à l'École normale.

Malgré un caractère exécrable, Jean-François de La Harpe était un remarquable critique littéraire, pointilleux et exigeant, dont les commentaires étaient toujours justes.

Juliette l'avait connu lorsqu'il fréquentait le salon de sa mère et ce dîner donnait à tous l'occasion de se retrouver : Mathilde, Juliette, Mme Bernard, M. de La Harpe, auxquels s'associaient Mme Baciocchi, ainsi que MM. de Montmorency, Narbonne et Fontanes. Ce dernier était écrivain, journaliste et ami intime d'Élisa.

Mme Baciocchi avait un attrait pour les lettres et M. de Chateaubriand, ce brillant auteur rentré depuis peu d'Angleterre, était son protégé. Elle tenait, elle-même, un salon artistique et littéraire qui avait bonne réputation.

La soirée fut remarquable. Un mot d'esprit en amenait un autre. Il ne manquait que Germaine.

Les convives quittaient la salle à manger pour passer dans le grand salon lorsque Basile apporta un billet à Mme Bernard. Surprise, elle l'ouvrit rapidement et devint blême à sa lecture. Montmorency se précipita pour la soutenir. Le souffle coupé, Mme Bernard tendit le document à Juliette qui comprit immédiatement la gravité de la situation.

M. Bernard venait d'être arrêté quelques heures plus tôt et conduit à la prison du Temple. Il était accusé d'avoir couvert, en sa qualité d'administrateur des postes, le réseau de correspondance d'un groupe de royalistes, connu pour ses pamphlets virulents à l'égard de l'État. Mère et fille étaient anéanties. Les invités comprirent que quelque chose de grave se tramait. Juliette se ressaisit vite et pensa immédiatement à l'opportunité d'avoir Élisa Baciocchi chez elle à ce moment-là.

Surmontant sa douleur, Juliette se tourna vers Élisa.

— Madame, mon père vient d'être arrêté. Je suis confuse que cela arrive et que j'en sois informée à cet instant. Il aurait une responsabilité dans un complot contre le Premier consul, ce que je ne peux croire. Oserais-je vous demander votre aide pour rencontrer le Premier consul, dès ce soir ?

Élisa eut un mouvement de recul et dit avec détachement sur un ton bien différent de celui qu'elle avait eu tout au long de la soirée :

— Mais, madame, je ne puis à toute heure du jour ou de la nuit déranger le Premier consul, mon frère, sans m'être au préalable assurée de l'extrême nécessité d'une telle démarche.

Juliette, interloquée, ne répondit rien. Mathieu de Montmorency s'avança et demanda à Élisa, d'une voix calme et posée, qu'elle leur explique alors comment procéder.

— Allez voir Fouché pour connaître l'état de la situation. En fonction de sa réponse, je verrai ce que je peux faire.

— Et où pourrai-je ensuite vous trouver, si j'en avais le besoin impératif ? s'inquiéta Juliette, la voix étouffée par les sanglots qu'elle retenait.

— Au *Théâtre-Français*, dans ma loge.

Juliette confia ses invités à Mathieu et déclina la proposition de Mathilde de l'accompagner.

— Je ne sais que penser de l'accueil que vous réserverait Fouché. Vous ne vous êtes pas quittés en bons termes et vous ne vous êtes pas revus depuis. Je connais cet homme et je n'ai aucune confiance en lui. Je préfère que vous alliez le plus rapidement possible trouver M. de Cambacérès, il sera de bon conseil et je suis sûre d'une grande utilité.

Juliette et Mathilde partirent chacune dans une voiture, l'une chez Fouché et l'autre à l'hôtel d'Elbeuf. Mme Bernard resta au château, terrifiée des conséquences de cette arrestation et désolée de ne pouvoir faire plus que d'attendre le retour des deux jeunes femmes.

Lorsque Fouché vit arriver Juliette, il ne manifesta aucune surprise. Elle apprit plus tard qu'il l'avait fait avertir discrètement par le billet adressé à sa mère. Néanmoins, son accueil fut très froid.

— L'affaire de monsieur votre père est grave, très grave, mais je n'y puis rien : voyez le Premier consul ce soir même ; obtenez que la mise en accusation n'ait pas lieu. Demain, il ne sera plus temps. C'est tout ce que j'ai à vous dire[1].

La détresse de Juliette était immense. Son seul secours était de retrouver Élisa, bien que cela lui en coûtât. Elle pensait que Cambacérès serait un meilleur sésame pour atteindre le Premier consul, mais il était tard, elle n'avait pas revu Mathilde.

Juliette dut attendre l'entracte pour qu'on la conduise dans la loge d'Élisa. Elle la trouva avec sa sœur Pauline et Bernadotte qu'elle aperçut dans la pénombre. La pièce ayant très vite repris, Juliette ne fit qu'un geste de salut à Bernadotte et chuchota à l'oreille d'Élisa :

— Je reviens vers vous, car je vous confirme que je dois voir le Premier consul, ce soir même. Demain, il sera trop tard.

Il eût fallu être aveugle pour ne pas noter l'ennui profond que provoqua la demande de Juliette. À sa grande surprise, Élisa lui demanda de bien vouloir patienter jusqu'à la fin de la pièce. Après, dit-elle, « je serai tout à vous » !

Juliette n'en crut pas ses oreilles. Elle était accablée. Peut-être aurait-elle mieux fait d'aller chercher secours directement auprès de Cambacérès. Assise dans un fauteuil en retrait, elle attendait la fin de la tragédie qui se jouait sur scène, pour qu'Élisa daigne s'occuper de la sienne.

Bernadotte était resté muet, mais avait suivi toute la scène, et il devinait que l'heure était grave pour Juliette. Il se pencha vers Élisa Baciocchi et lui murmura :

— Mme Récamier est épuisée, j'ai compris malgré moi qu'elle souhaitait rencontrer ce soir le Premier consul. Si vous le souhaitez, je pourrais m'en charger, proposa-t-il avec douceur.

1. Réponse de Fouché extraite de Juliette Récamier, *Souvenirs et correspondances tirés des papiers de Madame Récamier*, *op. cit.*, p. 70.

Bernadotte avait épousé Désirée Clary, la première fiancée de Napoléon et sœur de la femme de Joseph, le frère aîné des Bonaparte. À ce titre, Bernadotte faisait partie de la famille et avait un rapport privilégié avec le Premier consul.

— Mon bon ami, faites donc si le cœur vous en dit ! répondit immédiatement Élisa, ravie d'être déchargée de cette corvée.

Bernadotte offrit son bras à Juliette et tous deux quittèrent la loge. Elle lui résuma la situation et lui expliqua qu'il fallait absolument obtenir de Napoléon que le procès n'ait pas lieu. Si le procès commençait, il serait difficile à Bonaparte lui-même d'intervenir sans perdre la face. Bernadotte tentait d'apaiser Juliette sans grand succès. Il la laissa repartir vers Clichy-la-Garenne, tandis qu'il gagnait les Tuileries.

— Quelle que soit l'issue de cet entretien, comptez sur moi, Juliette, je viendrai ce soir même à Clichy vous faire un compte rendu.

Juliette le remercia sincèrement et rentra chez elle. En arrivant, elle constata que la nouvelle s'était répandue. Tous ses proches étaient venus la soutenir, mais elle n'avait pas la force d'affronter cette foule. Elle se faufila par la porte arrière et se rendit directement dans sa chambre. Mathilde, qui la guettait, la retrouva rapidement.

— Juliette, où en êtes-vous ? Je ne suis pas arrivée à trouver Jean-Jacques Régis. Il est certainement dans un théâtre parisien, mais je ne sais lequel. De votre côté, dites-moi !

Juliette relata sa soirée, ses angoisses et le comportement inconvenant d'Élisa. Mathilde en était offusquée. Les deux jeunes femmes furent rejointes par Mme Bernard, tout aussi angoissée. Ensemble, elles attendirent Bernadotte.

Trois heures plus tard, il arriva enfin. En voyant son visage ravi, Juliette comprit qu'elle pouvait espérer.

— Ce fut difficile, je ne vous le cache pas. J'ai dû argumenter longuement et insister pour que Napoléon accepte d'éviter le procès à votre père.

Juliette et sa mère tombèrent dans les bras l'une de l'autre, tandis que la spontanée Mathilde sautait dans ceux de Bernadotte.

— Je ne vous surprendrai pas en vous apprenant que votre père sera cependant destitué de sa charge d'administrateur des postes, avertit Bernadotte.

— Je le comprends bien, dirent en chœur Juliette et Mme Bernard, conscientes qu'il s'agissait là d'un moindre drame.

— Il faudra quelque temps pour qu'il soit libéré car, pour la forme, Napoléon souhaite tout de même lui faire peur.

Juliette se confondait en remerciements. Jamais elle n'oublierait ce que cet homme avait fait pour elle.

Compte tenu de l'heure avancée de la nuit, chacun prit congé. Rassurées, les trois femmes allèrent se coucher. Juliette proposa à Bernadotte de venir souper le surlendemain, il accepta avec joie, heureux qu'il était d'avoir pu rendre ce grand service à une amie si chère.

Récamier était absent ce soir-là. Il était resté à leur hôtel de la rue du Mont-Blanc. Les événements étaient arrivés avec une telle précipitation que Juliette n'avait pas eu le temps de le faire prévenir. Elle l'informerait dès la première heure le lendemain matin.

Après avoir écouté le récit de la soirée, Récamier et Cambacérès étaient du même avis : désormais il fallait être extrêmement prudent. Tous deux présumaient que Bonaparte gardait en tête une complicité possible de Juliette. Après tout, Mme Récamier n'était-elle pas la grande amie de la sulfureuse baronne de Staël qui, avec Benjamin Constant, s'affichaient tous deux comme de virulents opposants ?

Au même moment paraissait le dernier ouvrage du père de Germaine, *Dernières vues de politique et de finances*. Ce livre attisa la curiosité dans les salons parisiens et fit beaucoup d'effet aux Tuileries, où il suscita la rage du Premier consul, ou plutôt de « l'homme nécessaire », comme le qualifiait Necker dans son texte.

Les critiques sur cet essai furent acerbes ; les conseils de Necker étaient ceux d'un homme âgé dépassé par l'histoire, qui émettait des doutes quant à la capacité de Bonaparte à fonder une dynastie. La seule solution qu'il proposait était de refondre la Constitution.

Le Premier consul n'en voulut pas à Necker. Pour lui, le vieil homme s'était laissé naïvement influencer. La vraie responsable, c'était encore elle, Germaine de Staël, et ce serait donc elle qu'il sanctionnerait. Sa résolution était prise. Elle ne reviendrait pas à Paris.

— Qu'elle reste en Suisse ou qu'elle aille vivre en Angleterre puisqu'elle s'y trouve si bien, cela m'est égal ! Mais qu'elle ne vienne plus se mêler de politique, agiter l'opinion, intriguer et semer le trouble dans les rangs de mes généraux ! déclara-t-il devant Cambacérès et Joseph.

Le second consul se joignit donc à M. Récamier pour mettre en garde à nouveau Juliette sur ses relations avec Germaine. L'heure n'était plus à la plaisanterie.

Mathilde, quant à elle, n'était pas concernée. Son mariage avec Cambacérès la mettait hors de danger.

Juliette fut extrêmement reconnaissante à Bernadotte. Lui, et lui seul, avait obtenu la libération de son père. Cambacérès était resté en retrait, prêt à prendre le relais en cas de besoin. Ce fut inutile. Dix jours plus tard, M. Bernard sortit de prison.

Les liens entre ce général courageux et Juliette s'étaient resserrés. Bernadotte appartenait désormais au cercle des proches compagnons de la jeune femme. Elle avait deviné qu'il était également très sensible à ses charmes. Bernadotte, dès lors, viendrait fréquemment souper avec les Récamier.

* *
*

À Coppet, Germaine de Staël s'impatientait. Enragée, elle rejetait les recommandations de tous ses amis. Joseph Bonaparte, Talleyrand, Juliette, Mathilde et d'autres ne cessaient de lui répéter : « Patientez, attendez que la colère de Bonaparte s'apaise, après quoi une réconciliation pourra être tentée. »

Dans l'entourage de Mme de Staël, personne n'était dupe : la baronne aurait adoré être une proche du chef de l'État et se faire aimer de lui. Elle avait tenté de le séduire dès ses premières victoires en Italie, mais elle avait été maladroite. « Que voulez-vous [...], je deviens bête devant votre frère, à force d'avoir envie de lui plaire. [...] je veux lui parler, [...] je veux le forcer à s'occuper de moi, enfin je [...] deviens en effet bête comme une oie[1] », avait-elle confié à Lucien Bonaparte.

1. Théodore Iung, *Lucien Bonaparte et ses mémoires, 1775-1840 : d'après les papiers déposés aux archives étrangères et d'autres documents inédits*, tome 2, Paris, Charpentier Éditeur, 1882, p. 234.

Les personnalités de Germaine et Napoléon étaient aux antipodes. C'était peine perdue de vouloir les rapprocher. « Il n'aime pas l'esprit. Il prend tout au pied de la lettre ! » avait-elle déploré en parlant à Joseph.

Il n'aimait pas l'esprit et, justement, elle n'était qu'esprit ! Plutôt que de lui être indifférente, elle avait préféré engager un bras de fer avec lui, au risque de s'en faire haïr. En fille unique et choyée, elle avait toujours vu le monde tourner autour d'elle. La baronne de Staël ne concevait pas d'être négligée.

Elle cherchait encore un moyen de gagner son affection. Il était au-dessus de ses forces de vivre recluse à Coppet, loin des conversations parisiennes, de ses amis et de cet univers qui faisait sa joie.

La solution était son nouveau roman : *Delphine*. Elle espérait, bien naïvement, que le succès de ce livre ferait céder Bonaparte, et qu'il la rappellerait à lui.

Souvent, Mathilde s'était demandé comment une femme aussi intelligente pouvait se montrer si maladroite. Comment pouvait-elle imaginer que l'héroïne de son dernier ouvrage, en quête de liberté et en rébellion contre les conventions sociales, plairait au chef de l'État... La publication de ce livre, prévue pour le mois de décembre, laissait présager bien des rebondissements.

* *
*

Au mois d'octobre 1802, Juliette avait regagné son hôtel parisien depuis plusieurs semaines. Ce soir-là, la réception de l'après-midi s'était prolongée et, comme il arrivait parfois, certains invités étaient restés pour souper. Les amis proches du couple se trouvaient là, Mathilde, Mathieu de Montmorency, Mme de Chevreuse, Bernadotte et Désirée, la femme de ce dernier. Jean-Jacques Régis était attendu, il arriverait un peu plus tard dans la soirée, dès que le Premier consul le libérerait.

On parla tout d'abord d'un événement incroyable survenu le jour même : Fouché venait d'être renvoyé et son ministère supprimé. Malgré tous ses efforts pour se rendre indispensable, Bonaparte avait décidé de se passer de ses services.

Cambacérès ne le portait pas dans son cœur. Bien avant qu'il se marie avec Mathilde, Fouché, décidé à devenir le favori des conseillers du Premier consul, intriguait sans cesse contre lui. Le mariage n'avait ensuite rien arrangé. En homme blessé, il ne manquait jamais de lui jouer un mauvais tour. Guère affecté par son départ, Jean-Jacques Régis était satisfait de le voir partir.

— Savez-vous ce qui lui a été reproché ? demanda Mathilde discrètement à Bernadotte, car elle savait que Cambacérès resterait muet sur les motifs de ce renvoi.

— Plusieurs raisons, répondit le général. Napoléon a aujourd'hui tout ce qu'il veut, le Concordat, la paix avec les Anglais, le plébiscite unanime pour un consulat héréditaire. Il est au sommet de sa gloire et n'a plus besoin de l'encombrant Fouché, qui complote et intrigue sans cesse. Ce zélé serviteur en sait trop sur tout le monde, famille Bonaparte incluse.

— Il doit être terriblement blessé ! supposait Mathilde.

— La chose a été faite avec élégance. Le Premier consul n'a pas voulu le vexer. Il a donc prétendu que le ministère de la Police était devenu inutile et l'a supprimé. En contrepartie, Fouché est reparti avec plus d'un million de francs, une somptueuse sénatorerie dans le pays d'Aix et flatté d'un discours du chef de l'État qui souhaitait son plus prompt retour.

Bonaparte avait effectivement eu des mots bienveillants :

« Le citoyen Fouché, ministre de la Police dans des circonstances difficiles, a répondu, par ses talents, par son activité, par son attachement au Gouvernement, à tout ce que les circonstances exigeaient de lui. Placé dans le sein du Sénat, si d'autres circonstances redemandaient encore un ministre de la Police, le Gouvernement n'en trouverait point un qui fût plus digne de sa confiance[1]. »

Cambacérès arriva et Juliette convia tout le monde à passer à table.

— Bernadotte, la santé de M. Beethoven s'est-elle améliorée ? Cet été encore, vous le pensiez souffrant, mais vous ignoriez l'origine de son mal. A-t-on nommé sa maladie ? demanda Mathilde, désireuse de changer de sujet devant Cambacérès.

---

1. Napoléon Ier, *Correspondance de Napoléon Ier : publiée par ordre de l'empereur Napoléon III*, tome 8, Paris, Plon et Dumaine, 1861, p. 34.

— Votre question ne saurait tomber plus à propos, répondit-il, j'ai justement reçu une lettre de lui ce matin et j'en suis bouleversé.

Il hésitait à poursuivre. Mathilde l'encourageait du regard. La table était silencieuse, suspendue aux lèvres du général.

— Il a pris conscience du mal qui le ronge et souhaite que cela reste confidentiel. Mais ici, loin de Vienne, je peux vous confier ce secret en comptant sur votre discrétion.

Chacun hocha la tête en signe d'assentiment.

— Ludwig van Beethoven n'est pas venu diriger lui-même l'orchestre de l'Opéra lors de vos noces, Mathilde, car il souffre, non pas de l'humeur comme nous l'avions supposé, mais d'un mal plus terrible encore lorsque l'on est musicien : la surdité. Le plus grand compositeur de notre époque devient sourd...

— C'est affreux ! s'exclama Mathilde, qui depuis son mariage affectionnait particulièrement cet homme.

— Selon l'évolution de cette surdité, il pourrait ne plus pouvoir se produire en public, ni même composer ! ajouta Bernadotte.

Les dames poussèrent des cris d'effroi. Tous étaient consternés par cette nouvelle.

— Je comprends mieux pourquoi il m'écrivait vouloir se couper du monde ! reprit Bernadotte. Comment vous dire avec mes mots la souffrance qu'il décrit dans sa lettre ? Elle est immense. Vous comprenez bien que si l'aristocratie viennoise, son public, s'apercevait de cette infirmité, il risquerait de perdre toute reconnaissance. Comment un musicien peut-il jouer s'il est sourd ? Comment peut-il écrire une musique s'il ne peut entendre ?

— Nous ne l'envisageons pas nous-mêmes ici assis à cette table alors que nous sommes tous acquis à sa cause, insista Mathilde.

— Songez à ses détracteurs, ils auraient la partie facile pour l'abattre. Si sa surdité est découverte, très vite Beethoven sombrera dans l'oubli !

Au moment où ces mots résonnaient dans les appartements de Juliette Récamier à Paris, Ludwig van Beethoven, au comble du désespoir, rédigeait son testament. Il révélait son handicap à ses frères et expliquait l'impact de cette infirmité sur son caractère et son mode de vie :

6 octobre 1802, Heiligenstadt[1]

Pour mes frères Carl et Johann Beethoven.

... Depuis six ans, un état déplorable m'infeste, aggravé par de mauvais médecins, et trompé d'année en année dans son espoir d'amélioration. J'ai dû m'isoler, mener ma vie dans la solitude. Comment pourrais-je dire aux hommes : parlez plus fort, criez, car je suis sourd. Ah ! Comment serait-il possible que j'avoue alors la faiblesse d'un sens qui, chez moi, devrait être poussé jusqu'à un degré de perfection plus grand que chez tous les autres ? J'ai peur à chaque instant que l'on puisse remarquer mon état : un musicien sourd !

Lorsqu'un jour vous lirez ceci, dès que je serai mort et si le professeur Schmidt vit encore, demandez-lui de vous décrire ma maladie. Je vous déclare ici tous deux héritiers de ma petite fortune, partagez-la loyalement, supportez-vous et aidez-vous l'un l'autre. Je souhaite, si vous le voulez bien, que les instruments soient conservés par l'un de vous, mais qu'il n'y ait aucune dispute entre vous. S'ils ne vous sont plus utiles, vendez-les tout simplement. Adieu et ne m'oubliez pas tout à fait une fois mort, j'ai mérité cela de vous, parce que j'ai souvent, dans ma vie, pensé à vous rendre heureux, soyez-le.

Ludwig van Beethoven[2]

Cette période était particulièrement difficile pour le compositeur, mais la création le retenait à la vie. Toujours fasciné par la Révolution française et par Bonaparte, qui avait su mettre en pratique les idéaux de la nouvelle République, Beethoven lui écrivait une symphonie. Il l'avait commencée depuis quelques mois et la voulait différente de toutes celles qui existaient déjà. Cette œuvre serait aussi fougueuse que ce Napoléon.

Il pensait en venir à bout d'ici un à deux ans et l'appellerait *La Symphonie héroïque*. Il fallait demander au monde d'être patient. L'artiste créait.

1. Heiligenstadt : quartier de Vienne, en Autriche.
2. Adaptation d'un extrait du testament de Beethoven.

13

Le salon de Mathilde

Janvier 1803

Rage, fureur, exaspération... Les mots manquaient pour décrire la réaction de Napoléon à la lecture de *Delphine*. « Cette furie ne comprendra donc jamais rien ! Comment gouverner avec cette femme toujours dans les pattes qui vient, même de Suisse depuis son château, répandre ici ses mœurs dissolues... Je n'en crois pas mes yeux. »

— Bonaparte exagère, ce n'est qu'un roman. Notre Premier consul est vraiment vieux jeu, commenta Mathilde à Cambacérès, qui lui rapportait cette conversation. Je ne comprends pas sa colère !

— Bonaparte a ses raisons, sans doute êtes-vous trop jeune pour le concevoir. Il travaille seulement à restaurer quelques règles de conduite dans notre pays.

— Je le sais, répondit Mathilde. Il veut que les couples se marient, que les femmes soient dociles auprès de leurs époux et qu'elles aient beaucoup d'enfants, se moqua-t-elle.

— Ce sujet préoccupe le Premier consul, car il y a matière à faire depuis le Directoire, en particulier à Paris, où les mœurs se sont relâchées.

Mathilde écoutait Cambacérès sans le prendre réellement au sérieux.

— Une certaine immoralité est née après la Révolution et la Terreur, tel un exutoire, une réaction à une période tourmentée et austère. À l'arrivée du Directoire, les comportements se sont libérés. Songez que l'État lui-même encourageait les plaisirs, les jeux, l'étourdissement des sens, l'abandon des contraintes morales. Certains des directeurs étaient les premiers à donner l'exemple : un véritable chaos. Cette euphorie s'est construite de manière anarchique, sans cadre et sans principes, pour réparer ce que la Révolution avait détruit de nos conventions sociales ; elle avait tout balayé : les salons, les divertissements, les conversations, tout était interdit ! Même notre bel esprit à la française, que le monde nous envie, avait succombé à la monstrueuse oppression qui sévissait. La libéralité qui a suivi a cependant été trop loin. Comprenez que Napoléon veuille remettre ordre et rigueur dans cette pagaille.

— Je reconnais avoir entendu dire bien des choses sur la vie dissolue de Barras[1]. Amant à la fois de Joséphine, de Mme Tallien et de bien d'autres encore, qu'il fréquentait toutes à la fois ! Est-il vrai que, lassé de Mme de Beauharnais, il la présenta au jeune général Bonaparte, qui en tomba éperdument amoureux ?

— Mme Bonaparte ! Cette chère Joséphine de Beauharnais ! Oui, c'est vrai. À cette époque, elle était, ce qu'on appelle... une demi-mondaine. Il n'y a qu'à vous que je confie cela, Mathilde. Je vous conjure de ne pas employer ces mots hors de notre intimité.

— Une demi-mondaine ?

— Une femme de mœurs légères, si vous préférez, on dit aussi une biche, une cocotte, une poule, lui répondit familièrement Cambacérès. Je ne saurais me remémorer le nom de tous ses amants, certains se sont ruinés pour elle. Depuis toujours, Joséphine est dépensière et un seul de ses prétendants ne pouvait tout assumer. Quant à Barras, c'est autre chose. Certes, il avait de nombreuses maîtresses qui constituaient un véritable harem, mais son attitude était inacceptable ! Il n'était pas rare d'être convié chez lui et de le voir disparaître avec l'une de ses conquêtes pour une partie polissonne, avant de reparaître, comme si de rien n'était, au milieu de nous tous qui l'attendions dans son salon. La scène était grotesque, je m'y suis trouvé à deux reprises. Mon Dieu, quelle dépravation !

1. Le plus influent des cinq directeurs.

— Quel mufle ! rajouta Mathilde. Notre génération est manifestement plus convenable !

— Je l'admets, car à cette époque tout le monde courtisait tout le monde, que ce soit politiquement ou physiquement. Les liaisons extraconjugales se multipliaient. Le mariage était devenu une formalité sans valeur, considéré comme un acte civil temporaire que le divorce avait le mérite de défaire dès que d'autres envies se faisaient sentir ! Voilà pourquoi, dans notre Code civil, l'épouse sera replacée sous l'autorité de son mari, avec des droits limités. Ce point était explicitement demandé par Bonaparte.

— Je vois aussi que l'Église, responsable jadis des valeurs familiales et morales, a été totalement absente pendant cette période.

— Exact. Le Premier consul s'emploie donc à remettre des règles. Je vais vous faire une confidence : Hortense de Beauharnais[1], mariée à Louis, son jeune frère, souhaiterait divorcer. Bonaparte a radicalement refusé : « Pas de divorce dans ma maison », a-t-il déclaré. Il veut montrer l'exemple et son entourage doit faire de même. Notre mariage n'est pas étranger à cette situation, dit-il en regardant Mathilde avec affection.

Mathilde rougit. Ses noces arrangées et sa relation adultérine étaient d'une moralité relative.

— Bonaparte impose aussi à Berthier, son conseiller pour la guerre, de convoler. Mais le pauvre est amoureux d'une femme mariée, Mme de Visconti. Talleyrand aussi a dû se marier avec sa maîtresse, Catherine Grand. La cérémonie a eu lieu pendant votre voyage en Angleterre. Je ne m'étendrai pas davantage sur le passé de Mme de Talleyrand, qui vaut aussi son pesant d'or.

— Mais Talleyrand n'est-il pas évêque ?

— Il l'était, mais l'an dernier, il a négocié un double concordat avec le pape : un pour la France et un pour lui !

— Vous ne me priverez pas de penser que, même célébré, le mariage de Talleyrand n'a rien de moral : un évêque qui épouse sa maîtresse... Une poule divorcée, comme vous dites, le tout avec la bénédiction du pape. L'idée de morale est saugrenue, répliqua Mathilde avec taquinerie.

1. Hortense est la fille de Joséphine, mais aussi la fille adoptive du Premier consul.

— Peu importe, elle convient à Bonaparte et les apparences sont sauves. C'est pourquoi le *Delphine* de Mme de Staël ne pouvait plus mal tomber. Avoir une héroïne qui fait l'apologie du divorce et revendique l'amour de la liberté est très malvenu. Le Premier consul n'a nul besoin qu'un personnage de roman émoustille les Parisiens et bafoue l'ordre social. Et les maladresses de votre amie sont trop fréquentes pour être le fruit du hasard. Bonaparte en est convaincu : ses provocations ont pour but de perturber sa politique. Il veut des mariages, de la morale, de la raison et de la pudeur, avec de bonnes mères dans leurs cuisines qui s'occupent de leurs maris et de leurs enfants. Sachez aussi qu'il trouve les toilettes des élégantes trop osées, voilages trop fins, trop légers, trop transparents, trop suggestifs. Il veut aussi réformer la mode.

— Bernadotte nous en avait touché un mot, mais je pensais qu'il plaisantait.

Tout devenait limpide pour Mathilde. Germaine avait encore visé à côté. Consciemment ou non, elle s'enfonçait, tout en espérant se faire aimer.

La riposte de Bonaparte ne se fit pas attendre. Outre sa colère qui fut transmise directement à Germaine par leurs connaissances communes, la presse, sous le joug du pouvoir, ne tarda pas à s'en mêler. Les talents littéraires de Mme de Staël étaient reconnus, les critiques de *Delphine* furent élogieuses sur le style : « vif, brillant et plein d'images ; il a de la grâce, de l'énergie... », mais redoutables sur le contenu : « principes très faux, très antisociaux, très dangereux ; aucun but moral. Rien de plus dangereux, rien de plus immoral que les principes répandus dans son ouvrage : elle calomnie la religion catholique sans la connaître ; fait de longues apologies sur le divorce ; l'amie de l'humanité prêche le suicide, l'amie de la philosophie semble applaudir de l'usage insensé du duel[1]. » Curieusement, ces critiques provoquèrent une publicité inattendue et donnèrent envie aux lecteurs de découvrir le livre. Le succès commercial fut immense et renforça la notoriété de Mme de Staël, tant en France qu'à l'étranger. En revanche, elle

1. Extraits du *Journal des débats et des décrets*, 5 nivôse an XI.

s'enlisait dans un conflit avec l'homme le plus puissant de France. Quel mauvais calcul !

Mathilde était triste pour elle. Germaine parlait en idéologue pour défendre une cause tandis que Napoléon agissait en homme pragmatique avec la responsabilité d'un État à gérer. Le monde avait sans doute besoin des deux pour avancer, mais il semblait impossible de les réunir. Pourtant, dans l'épigraphe de *Delphine*, Germaine avait écrit : « Un homme doit savoir braver l'opinion, une femme s'y soumettre. » Que ne pouvait-elle appliquer ce précepte à elle-même ?

Germaine de Staël allait devenir le symbole d'une certaine forme de liberté : une liberté d'opinion, de penser, de critiquer, voire de déranger. Elle ne se doutait pas encore de la responsabilité qu'elle allait endosser.

* *
*

Il est des années qui commencent mal. L'épidémie de grippe qui faisait rage s'était annoncée dans les derniers jours de l'année 1802 et devenait de plus en plus virulente au fil de l'hiver. Cela faisait plusieurs années que cette maladie n'avait pas sévi dans la capitale. La province semblait plus épargnée. Les mois de février et mars avaient été les plus terribles en nombre de victimes : la grippe avait été responsable de la mort de plus de soixante personnes chaque jour. Mais ces chiffres ne cessaient de croître pour arriver à plus de cent morts quotidiens dans Paris. La ville devenait insalubre, tant les cadavres envahissaient les maisons et les rues. Les fossoyeurs n'arrivaient pas à enterrer les corps qui s'accumulaient.

Les douces températures du mois de décembre ainsi que l'humidité due aux pluies fréquentes avaient favorisé le développement de la maladie. Au total, quatre mille personnes perdirent la vie en à peine trois mois. Cela faisait plus de vingt ans que l'on n'avait vu pareille chose. La préfecture de Paris, mal préparée à une telle hécatombe, était dépassée par les événements. Les symptômes étaient les mêmes : des maux de gorge suivis de rhumes et de maux de tête violents. Aucun remède n'était efficace.

La ville fut paralysée pendant trois mois : commerçants, clients, ouvriers, tout le monde était alité ou confiné dans son logis. Les chantiers, les salles de spectacle s'étaient vidés. Les salons avaient momentanément été interrompus afin d'éviter la contagion et de laisser le temps aux malades de se soigner. Toutes les classes sociales étaient concernées. Dès le début du printemps, Bonaparte exigea qu'une commission se mette au travail pour qu'à l'avenir le pays soit mieux préparé à une telle situation.

Joséphine et Hortense de Beauharnais, l'astronome Lalande, M. de La Harpe et Mathilde tombèrent malades. Cette dernière resta à l'écart dans ses appartements, seule Angèle, sa femme de chambre, lui rendait visite. Il fallait éviter à tout prix que le second consul ne fût contaminé pour pouvoir se consacrer aux affaires de l'État. Tous en réchappèrent, sauf le malheureux M. de La Harpe. Âgé de soixante-quatre ans, il mourut le 11 février 1803. Ses obsèques eurent lieu à Notre-Dame et il fut enterré au cimetière de Vaugirard. M. de Fontanes prononça l'éloge funèbre devant ses amis et une délégation de membres de l'Académie française, à laquelle il appartenait. Mathilde, durant l'office, se remémorait son dernier dîner avec lui, le soir où l'on avait appris l'arrestation du père de Juliette. Elle se souvenait aussi de lui prenant part au jeu des mois du calendrier révolutionnaire, lors de son premier salon chez Germaine. Des larmes perlèrent sur sa joue. M. de La Harpe, cet ami fort érudit, laisserait un vide.

* *
*

À la fin du mois de mars 1803, l'épidémie disparut aussi subitement qu'elle était apparue. L'État put commencer la réforme des monnaies que les financiers réclamaient depuis longtemps. Récamier prodiguait ses conseils et passait ses journées auprès du ministre des Finances ou à la Banque de France. En effet, des pièces anciennes et nouvelles circulaient dans le pays en même temps, ce qui rendait instable et complexe la situation. Il était temps de créer une seule monnaie. Le nouveau franc germinal deviendrait l'unique monnaie de France avec une valeur stable :

il serait constitué de cinq grammes d'argent[1] et servirait de référence.

Parallèlement à ces mesures s'ajoutait une autre réforme, non moins attendue : la Banque de France allait devenir, dès le début du mois d'avril, un institut d'émission de billets sous le contrôle de l'État, en contrepartie de dépôts d'or ou d'escompte d'effets de commerce.

Les Français n'étaient pas habitués à payer avec du papier ! Dans un premier temps, seuls des billets de cinq cents francs seraient imprimés pour les paiements importants.

En ce début de printemps, Mathilde était surtout préoccupée par la mise en place de son salon.

Mariée depuis un peu plus d'un an, elle avait l'idée d'ouvrir les portes de l'hôtel d'Elbeuf pour y recevoir ses amis. Elle en avait longuement discuté avec Jean-Jacques Régis.

Napoléon avait fait comprendre sans détour au second consul qu'il n'était pas question qu'on parlât politique ou même que les conversations fussent, pour une raison ou une autre, contraires aux valeurs morales qu'il voulait imposer. En outre, il était exclu que Mme de Staël participât à ces réunions, si elle décidait de revenir en France. « Cette femme n'est plus la bienvenue à Paris et encore moins dans vos salons », avait-il affirmé.

Les choses étaient claires et Cambacérès ne l'avait pas été moins avec Mathilde.

Elle avait donc longuement réfléchi afin de respecter les exigences des consuls, et c'est en croisant Monge au *Théâtre-Français* que lui était venue l'idée :

— Puisqu'il faut éviter les conversations compromettantes, j'ai l'intention de donner un thème particulier à nos réunions. Pourquoi ne parlerions-nous pas de sciences ?

— Excellente idée ! approuva Cambacérès.

— Nous pourrions commenter, présenter ou expliquer les découvertes scientifiques françaises ou internationales. Ce serait le

1. Une pièce de un franc contient donc 4,5 grammes d'argent pur. Des pièces d'un quart de franc sont également émises, d'un demi-franc, de trois quarts de franc, de deux francs et de cinq francs.

« salon des sciences de Mme de Cambacérès ». N'est-ce pas là une bonne idée ?

Jean-Jacques Régis acquiesça de la tête et fut satisfait de la proposition de sa jeune épouse.

— Vous savez que ces sujets me passionnent. Je pourrai compter sur mon cher Monge. J'inviterai ceux de ses amis qu'il voudra bien me recommander. Parfois, pourra-t-il présenter certains sujets lui-même, lorsque les savants ne pourront venir en personne ? Je lui en ai touché un mot et il en serait ravi.

— L'idée est remarquable, Mathilde ! renchérit Cambacérès.

— Nous partagerons juste le plaisir de voir notre monde progresser au rythme des découvertes de nos savants sans parler de politique ! Souvenez-vous comme les interventions de Volta ou de notre regretté Bichat ont été très prisées !

— Sans ajouter que vous allez plaire au Premier consul, féru de science et membre de l'Institut. Il va vous chérir d'avoir eu une idée si brillante, Mathilde, je vous félicite.

Aussitôt dit, aussitôt fait. Deux semaines plus tard, Mathilde de Cambacérès recevait ses invités au premier étage de l'hôtel d'Elbeuf. Gaspard Monge devait arriver avec un ingénieur américain nommé Robert Fulton et Robert Livingston, ambassadeur des États-Unis. Fulton travaillait sur un nouveau moyen de navigation, appelé « bateau à vapeur ». La veille, Monge avait dit à Mathilde que ce navire, s'il voyait le jour, transformerait le monde : sa vitesse de navigation raccourcirait les distances entre les continents !

Il était 3 heures de l'après-midi lorsque Monge, Fulton et Livingston arrivèrent. Les habitués du cercle Récamier étaient tous là, hormis Germaine de Staël. Nicolas Conté, grand ami de Monge, les avait également rejoints. « Vous ne pouvez organiser un salon de la science digne de respect sans avoir à vos côtés le plus ingénieux de nous tous : M. Nicolas Conté », avait dit Gaspard Monge, avant d'ajouter : « Il a toutes les sciences dans la tête et tous les arts dans la main[1]. »

Les convives purent apprécier la présence de l'inventeur Fulton. Il était originaire d'une région proche de Philadelphie, qui avait été la

1. Louis Figuier, *Les Merveilles de la science ou description populaire des inventions modernes*, volume 2, Paris, Furne, Jouvet et Cie, 1867, p. 492.

capitale américaine jusqu'en 1799, le temps de finir de construire la ville de Washington. Âgé de trente-sept ans, il était ce que l'on appelait « un ingénieur inventeur », un constructeur d'engins et de machines.

— Mes amis, je vous présente Robert Fulton. Son invention est révolutionnaire ! s'exclama Monge. Notre invité vit en France depuis cinq ans et maîtrise notre langue à la perfection. Et voici Son Excellence Robert Livingston, ambassadeur des États-Unis d'Amérique à Paris depuis deux ans. Il tenait à être présent aujourd'hui pour exprimer le soutien de l'Amérique tout entière au chercheur Fulton.

Ce dernier prit la parole :

— Mesdames, messieurs, je voulais, tout d'abord, remercier du fond du cœur Mme de Cambacérès, qui a eu la grande gentillesse de m'inviter. Je suis flatté d'inaugurer cet événement ! C'est toujours très appréciable pour un étranger d'être reçu parmi des personnes aussi illustres que vous. J'aime la France et suis un fervent admirateur de votre Révolution. Toutes ces raisons m'ont conduit à m'installer à Paris, même si je reste très lié à mon pays, comme en atteste la présence de mon ambassadeur. Je le remercie d'ailleurs de ce soutien.

Les invités s'étaient regroupés autour de lui, en demi-cercle.

Il commença :

— James Watt, un ingénieur écossais, a inventé et breveté, il y a plus de trente ans, ce qu'on appelle « la machine à vapeur ». Sur la base de ses travaux, je travaille depuis plusieurs années à intégrer ce type de moteur à des navires pour en faire des bateaux à propulsion vapeur. Vous comprendrez que la principale difficulté d'équiper un bateau avec un tel appareillage technique est…

— Excusez-moi de vous interrompre si tôt dans votre discours, monsieur Fulton, intervint Mathilde, mais ce salon de la science en est, comme vous le savez, à sa première édition ! Vous n'avez à faire qu'à des novices, à l'exception de MM. Monge, Carnot[1] et Conté. Tous ici, nous ignorons même ce qu'est une machine à vapeur.

— Je suis un gros bête, s'excusa Fulton dans son français presque parfait. J'aurais pu y songer moi-même. La machine à vapeur est une invention prodigieuse qui va donner à l'homme une puissance

1. Lazare Carnot : officier, homme d'État et mathématicien.

incroyable ! Je m'explique : si l'on sait depuis des siècles utiliser la force motrice des vents et des eaux avec nos moulins et nos roues hydrauliques, cette innovation nous offrira un esclave mécanique. Cela va nous rendre autonomes, indépendants de la nature en transformant l'énergie thermique fournie par la vapeur d'eau en énergie mécanique.

Fulton se trouvait face à une vingtaine de paires d'yeux écarquillés qui trahissaient une incompréhension certaine. Il reprit :

— Imaginez une source de chaleur obtenue par la combustion de charbon, qui transforme de l'eau en vapeur. Cette vapeur va créer une force qui, par l'intermédiaire d'un mécanisme, entraînera des mouvements que l'homme utilisera en tout lieu, lorsque nous saurons l'adapter à différentes machines. Ces moteurs à vapeur sont notre avenir...

— Et un moteur, qu'est-ce que c'est ? questionna la duchesse de Chevreuse qui s'efforçait de suivre les explications de l'inventeur.

— Un moteur peut être défini comme une machine permettant à un engin de fonctionner.

Des exclamations confirmèrent à l'orateur que son message avait été compris. Chacun y allant de son « Oh ! » ou « Ah ! » admiratif. Fulton put passer à l'étape suivante de son exposé.

— Je travaille donc actuellement sur un prototype de bateau à vapeur que je mettrai à flot cet été sur la Seine.

— Un bateau à vapeur est donc un bateau où l'énergie des vents ou des hommes sera remplacée par une énergie thermique, résuma M. de Gérando, enthousiaste.

— Exactement ! Le déplacement se fera par un moteur à vapeur. Il entraînera une roue appelée « palette » placée à la poupe du bateau qui, en tournant, fera avancer l'embarcation. Plus besoin d'hommes pour ramer ou de vent pour faire gonfler les voiles, le moteur à vapeur s'occupera de tout !

— Vos bateaux à vapeur navigueront sur la mer ou sur les fleuves ? demanda une voix qui venait du fond du salon.

— Sur les deux, mais aujourd'hui nous allons commencer par les fleuves avant de gagner les océans.

La machine à vapeur existait déjà depuis quelques années, mais le génie de Fulton avait été, grâce à ses talents de mécanicien, de l'adapter à un bateau. La principale difficulté était de simplifier cette machine pour gagner de la place et alléger le poids afin de ne pas risquer de faire couler l'embarcation.

— La vitesse sera-t-elle comparable à celle de nos bateaux à voiles ? s'enquit Charles de Flahaut.

— Elle sera bien meilleure : nous allons doubler, voire tripler notre vitesse, et il n'y aura plus d'aléas en raison des vents. Les Américains mettront trois fois moins de temps pour venir vous voir ! s'amusa-t-il à ajouter.

— Cette vitesse va-t-elle supprimer le mal de mer ? espéra Mathilde, qui gardait un mauvais souvenir de sa traversée de la Manche.

— Malheureusement, je ne crois pas. Un médecin serait sans doute plus qualifié que moi pour vous en donner les raisons. Ces phénomènes semblent essentiellement dus à la houle, que la vitesse ne réduira pas.

Lors de telles présentations, il fallait toujours laisser quelques minutes au public pour s'étonner, s'enthousiasmer ou au contraire s'inquiéter, d'où un brouhaha général. Soudain, une voix s'éleva au-dessus des autres :

— Monsieur Fulton, votre invention est admirable et je serais heureux de faire partie de vos passagers lors de la mise à flot. Je crois également savoir que vous êtes à l'origine d'une autre invention peu banale. N'aviez-vous pas proposé il y a quelques années un curieux bateau que vous aviez nommé le *Nautilus*[1] ? intervint Lazare Carnot.

— Ah, mon sous-marin ! Je ne l'ai pas encore mis au point. C'est un projet que j'ai toujours en tête. Je voudrais construire un bateau capable de naviguer sous les mers. L'idée, pour vous, Français, serait de l'utiliser dans la Manche, pour passer sous la flotte anglaise et rejoindre les côtes britanniques sans avoir à affronter leur redoutable marine. Je crois savoir que vous avez désiré plus d'une fois transporter vos troupes sur cette île. Je trouve toujours l'idée lumineuse !

— Incroyable ! s'écria Mathilde.

---

1. *Nautilus* : nom du sous-marin de *Vingt mille lieues sous les mers*, roman écrit soixante-dix ans plus tard par Jules Verne. Ce célèbre romancier n'inventa donc pas tout !

Elle masquait difficilement son admiration, mais voulut éviter à tout prix que soit abordé le sujet délicat des conflits passés avec les Anglais. Elle reprit la parole pour clore le sujet :

— Actuellement, nous sommes en paix, et c'est tellement mieux ainsi !

En revanche, cette information n'était pas tombée dans l'oreille d'un sourd. Quelle ingénieuse idée ! jugea Monge. Napoléon était-il au courant ? Il irait informer le Premier consul. L'idée valait peut-être la peine d'être creusée.

L'essai du bateau à vapeur sur la Seine[1] échoua quelques mois plus tard. L'embarcation coula, car elle était trop lourde.

Le salon de Mathilde s'était poursuivi par des questions diverses sur cette machine à vapeur portant tantôt sur des détails techniques que les mathématiciens et autres ingénieurs ne manquèrent pas de poser, tantôt sur des questions plus générales.

On entendit les propositions les plus fantaisistes. Certains parlèrent de ces nouveaux modes de transport qui commençaient à voir le jour en Angleterre : des véhicules roulant sur des pièces métalliques fixées au sol et disposées comme un chemin de fer, bientôt propulsés par des machines à traction vapeur ! Elles permettraient le transport de marchandises et de voyageurs à des vitesses jusqu'à dix fois supérieures à celles qui existaient alors. Un prototype conçu par un certain Richard Trevithick était actuellement en construction au pays de Galles, avait rapporté Fulton.

— Dix fois plus rapides, vous vous rendez compte ! s'exclama à nouveau Flahaut. Pensez-vous que ces machines à vapeur puissent aussi équiper nos voitures et remplacer nos chevaux ?

— Ce même Trevithick y a travaillé, tout comme votre compatriote Cugnot, mais l'état des routes, les problèmes de suspension, de direction et de freinage font qu'on préfère le chemin de fer, plus sûr, et dans un premier temps plus simple à développer.

1. Une plaque est apposée sur le mur du quai entre le palais de Tokyo et la fondation Mona-Bismarck. On peut y lire : « À cet emplacement du quai dit "des Bonshommes" l'ingénieur américain Robert Fulton présenta le 9 août 1803 aux citoyens Bossut, Carnot, Prony et Volney son "chariot d'eau mû par le feu" qui effectua sur la Seine ses premières évolutions. »

— Pourrait-on équiper nos aérostats de ces moteurs ? demanda Flahaut en se tournant cette fois vers Monge.

— Ah, si nous parlons d'aérostat, dit Monge en pivotant vers Nicolas Conté, c'est au spécialiste qu'il faut s'adresser, qu'en pensez-vous ?

Ce que Mathilde aimait par-dessus tout chez Monge, c'est qu'il avait la courtoisie de mettre en avant les personnes les plus qualifiées, même s'il connaissait la réponse aux questions. Il n'était pas de ceux qui cherchaient à éblouir l'assemblée en s'imposant. Il forçait l'admiration de tous en sachant s'effacer pour valoriser le meilleur interlocuteur.

Nicolas Conté était effectivement l'homme de la situation puisqu'il avait commencé sa carrière dans l'aérostation en dirigeant la fabrication des ballons d'observation de l'École nationale aérostatique de Meudon. C'est lui aussi qui avait eu l'idée d'utiliser ces ballons dans l'art militaire. Ses recherches obstinées lui avaient d'ailleurs coûté un œil. Un jour, tandis qu'il travaillait dans son laboratoire, un courant d'air avait provoqué un afflux d'hydrogène sur la flamme de sa bougie, entraînant une explosion. Depuis, le malheureux savant était devenu borgne.

Néanmoins, cet homme de quarante-sept ans était extraordinaire de créativité et d'ingéniosité. À l'origine de la fondation du Conservatoire des arts et métiers sous la Convention, il était le moins connu des personnes présentes dans ce salon, et pourtant son nom traverserait les siècles. Conté avait inventé un crayon artificiel à mine de graphite qui avait astucieusement remplacé la plombagine[1] anglaise. Il avait été récompensé pour cette trouvaille lors de l'Exposition des produits de l'industrie française.

Conté était l'exemple même du scientifique au service de l'État. Le Royaume-Uni était le seul pays à avoir des carrières de plombagine. Ces mines, une fois adaptées à un support métallique, remplaçaient très avantageusement l'encre. Mais les guerres incessantes avec les Anglais entraînaient régulièrement des pénuries. Le Directoire avait demandé à Conté d'inventer un autre système afin

1. Carbone naturel extrêmement pur qui doit son nom à sa similarité avec le plomb.

de ne plus dépendre des Britanniques. En 1794, ce brillant ingénieur mit au point un procédé qui, entre deux demi-cylindres de bois, renfermait une mixture à base de graphite, de cuivre et d'argile pour en faire des crayons d'un genre nouveau.

Heureusement, Conté était entouré d'amis bienveillants qui déposèrent un brevet en son nom. En concepteur passionné et désintéressé, il n'avait pas songé à protéger cette création pour en tirer des bénéfices. Ce dépôt lui permit, en 1795, d'ouvrir sa manufacture de crayons qu'il développa en produisant, outre ces mines graphites, des couleurs originales et variées très résistantes qui lui assurèrent un avenir confortable[1].

En qualité de chef de brigade du corps des aérostiers, il fut parmi les scientifiques qui participèrent, en 1798, à l'expédition d'Égypte. Avoir Conté dans ses rangs fut pour l'armée française un véritable atout. Il savait tout faire : musicien, dessinateur hors pair, chimiste, physicien et ingénieur. Son aide fut providentielle, car la flotte française fut détruite par les Anglais durant la bataille navale d'Aboukir. Par chance, le valeureux Conté « sut tout faire reconstituer, aussi bien les télégraphes que les moulins à farine, les machines à filer la laine que les machines à fabriquer les draps, les instruments de chirurgie que le matériel de la monnaie et de l'imprimerie[2] », et même bien sûr les canons. Qu'aurait fait l'armée sans lui ?

À son retour, il avait repris sa manufacture et fut chargé de diriger la gravure des planches du grand ouvrage de l'expédition d'Égypte. À cette occasion, il inventa encore un procédé astucieux, économique, rapide et élégant de remplissage des fonds, des ciels et des monuments par un système de hachures.

Cependant, Nicolas Conté était malheureux. Il avait perdu son épouse, qui était sa muse. C'était pour la surprendre et lui plaire qu'il se rendait si ingénieux. Sa santé s'en trouvait altérée et Monge, en l'invitant chez la jeune Mathilde, espérait lui redonner un peu de cette passion des sciences qui avait été toute sa vie.

1. L'entreprise Conté a perduré jusqu'à nos jours et a été rachetée en 1979 par le groupe Bic. En 2004, la marque Conté est devenue la marque Bic Kids.
2. Georges Barral, *Histoire des sciences sous Napoléon Bonaparte*, *op. cit.*, p. 166.

— Alors, Conté, reprit Monge, pensez-vous que la machine à vapeur soit le moteur de demain de vos aérostats ?

Conté n'eut pas à réfléchir longtemps pour formuler sa réponse :

— La principale caractéristique d'un aérostat est qu'il doit être léger. Je suppose qu'en commençant ma réponse ainsi, je vous laisse deviner ma conclusion. Les deux problèmes majeurs de l'utilisation des moteurs à vapeur dans le ciel sont donc leur poids et leur autonomie. Pour voler longtemps, il nous faudrait emporter de trop grandes quantités de combustible... Ce qui revient au problème initial, celui du poids total de l'appareil. Pour ma part, je pense que l'avenir de l'aérostation réside plutôt dans l'amélioration des gaz : comment mieux les produire, plus rapidement et plus économiquement, peut-on en trouver de plus légers que ceux que nous utilisons déjà, comment améliorer l'enveloppe de nos ballons, pour qu'ils soient plus étanches et plus solides ?

Quelques jours à peine après le succès de cette première édition du salon des sciences de Mathilde, une terrible nouvelle vint à nouveau troubler les Français. La paix d'Amiens était rompue. La France et l'Angleterre étaient à nouveau en guerre, une guerre dont personne n'imaginait qu'elle allait ravager l'Europe jusqu'en 1815.

Pourtant, ces deux pays avaient besoin de tranquillité pour restaurer leurs économies. Mais aucun des deux ne tolérait la puissance de l'autre. La paix d'Amiens n'avait été qu'une courte trêve. Face à l'apparente mauvaise volonté des Anglais et malgré les conseils de modération de Cambacérès, Napoléon, en Méridional orgueilleux, ne chercha pas à apaiser les choses, bien au contraire.

Le 16 mai 1803, tandis que les deux ambassadeurs regagnaient respectivement leurs pays, la déclaration de guerre était imminente. Bonaparte ne décolérait pas en affirmant à Cambacérès, appelé d'urgence dans son cabinet aux côtés de Talleyrand et Berthier : « Les Anglais veulent la guerre, mais s'ils sont les premiers à tirer l'épée, je serai le dernier à la remettre dans le fourreau[1]. »

---

1. Pierre Coquelle, *Napoléon et l'Angleterre, 1803-1813*, Paris, Plon-Nourrit et Cie, 1904, p. 46.

À l'heure même où Bonaparte prononçait ces mots, la puissante flotte anglaise n'attendait que le signal de son gouvernement pour ouvrir les hostilités. La chose fut faite dès le lendemain, sans déclaration de guerre. Les Anglais mirent sous embargo les navires français ou hollandais et capturèrent deux vaisseaux marchands français non loin de la pointe du Raz, sur les côtes bretonnes. En représailles, deux jours plus tard, la France fit paraître un décret ordonnant l'arrestation de tous les Anglais adultes mâles, commerçant ou voyageant en France et en Italie, et de les considérer comme prisonniers de guerre.

Le Royaume-Uni déclara officiellement la guerre à la France, le 23 mai 1803. Bonaparte était conscient de la supériorité de la Royal Navy sur la marine française. S'il voulait gagner ce conflit, il devrait constituer une armée sur les côtes de la Manche et attaquer les Anglais sur leur sol.

— Dites-moi, citoyen consul Cambacérès, depuis cette déclaration de guerre, tout le monde ne me parle que de cette invention de sous-marin qu'un dénommé Fulton a présentée dans le salon des sciences de votre épouse. C'est bigrement intelligent, un salon des sciences ! Promettez-moi de lui transmettre mes compliments pour cette initiative remarquable ! Je vois Fulton dans une heure.

Il fallait rassembler et rappeler sur les côtes européennes les navires français éparpillés aux Antilles et à Saint-Domingue. Face à l'Angleterre, la France avait besoin de tout son arsenal. Seuls les frégates et les bâtiments légers pouvaient rester dans les îles, mais les autres bateaux avaient ordre de rentrer.

Si les empires des deux puissances étaient à peu près équivalents, l'un avait été conquis par la mer pour les Anglais, l'autre par la terre pour les Français. La suprématie de la Royal Navy n'était pas une légende. Dès la fin du mois de juin, Bonaparte organisa un voyage en Flandre et en Belgique pour préparer sa campagne.

Comme jadis César avant son expédition contre la Grande-Bretagne, Napoléon installa son armée à Boulogne. À partir de juin 1803, il alla visiter ce camp plusieurs fois par an pour s'assurer que ses hommes seraient bien prêts à débarquer sur les côtes britanniques dès que leur général leur en donnerait l'ordre.

14

Vers le pouvoir absolu

Septembre 1803

Depuis huit mois, Germaine de Staël se faisait la plus discrète possible, sagement cloîtrée dans son château de Coppet. Pour une fois, elle avait suivi les conseils de ses amis en ne se montrant plus à Paris, puisque les deux derniers ouvrages de la famille Necker, *Dernières vues de politique et de finances* et *Delphine*, avaient attiré sur elle les foudres du Premier consul.

Malheureusement, cette sage décision allait peu durer. Rester trop longtemps loin de son paradis parisien, de ses amis, de cette ambiance était au-dessus de ses forces. Aussi quitta-t-elle Coppet le 1er septembre 1803 pour se rendre à Maffliers, dans une maison que son notaire parisien, maître Fourcault de Pavant, lui avait prêtée. Par ailleurs, elle ne parla à personne de l'appartement qu'elle avait loué dans le plus grand secret à Paris, rue de Lille, afin de séjourner clandestinement dans la capitale.

À Maffliers, elle se croyait en sécurité et dans son droit : à dix lieues[1] de Paris, elle pensait respecter l'ordre du Premier consul de ne pas résider dans la capitale. Juliette, pour sa part, avait exceptionnellement loué, cette année-là, le château de Saint-Brice pour être plus

1. Dix lieues : environ quarante-huit kilomètres.

près de son amie. Aucune des deux femmes ne se doutait que la police secrète les épiait et était informée dans les moindres détails des échappées nocturnes de Germaine dans la capitale. Bonaparte n'était pas dupe. Mme de Staël jouait d'un côté la blanche colombe respectant à la lettre les consignes du Premier consul, mais de l'autre continuait à rencontrer le Tout-Paris, à critiquer, à conspirer verbalement contre Bonaparte. Il ne pouvait décidément plus la souffrir et ne voulait plus céder aux demandes de cette femme qui, pensait-il, le prenait pour un imbécile.

Ignorant que son double jeu avait été découvert, Germaine s'était décidée à lui écrire pour lui demander l'autorisation de résider dans la maison de son père à Saint-Ouen. Elle espérait obtenir du chef de l'État l'autorisation de vivre dans un village suffisamment proche de la capitale pour permettre à son fils de treize ans, Auguste, de suivre, le moment venu, les cours de l'École polytechnique.

Bonaparte ne fut pas sensible à ses arguments. Sa réponse ne se fit pas attendre et le ton fut sans équivoque : il envoya un agent auprès d'elle pour lui indiquer que si elle ne repartait pas d'elle-même avant le 7 octobre, il la ferait escorter par les gendarmes jusqu'en Suisse. Cela lui laissait à peine huit jours pour organiser son départ.

Abasourdie, elle tenta de gagner du temps en sollicitant, par l'intermédiaire des frères du Premier consul, Joseph et Lucien Bonaparte, et de ses amis les plus influents, des interventions en sa faveur. Toutes s'avérèrent inutiles, l'homme restait intraitable. Si bien qu'elle vit arriver à Maffliers, le matin du 15 octobre, un gendarme lui intimant l'ordre de « quitter les lieux sous vingt-quatre heures et de rester à un minimum de quarante lieues de Paris[1] ».

Cette nouvelle l'anéantit. Comment pouvait-il lui faire cela, alors qu'elle avait suivi à la lettre presque toutes ses exigences ? Sa mauvaise foi était unique ! N'aurait-il pas dû accorder plus de considération à la représentante d'une famille qui avait tant apporté à la France, à la Révolution et donc à lui ? Car il faut bien reconnaître que Bonaparte avait plus que quiconque profité de la chute de la monarchie.

---

1. Joseph Michaud, *Biographie universelle ancienne et moderne*, tome 40, Paris, Desplaces & Leipzig, 1854, p. 20.

Terriblement affectée, elle vint faire ses adieux à Juliette Récamier au château de Saint-Brice. Leur tristesse était réelle. Germaine était au désespoir. Elle avoua à son amie qu'elle avait répondu à Bonaparte par une lettre fort sèche dans laquelle elle lui assurait : « Quelle cruelle illustration vous me donnez, j'aurai une ligne dans votre histoire[1]. » Des mots qui n'arrangeraient rien, mais qui l'avaient soulagée.

À partir de ce jour, le charme entre Juliette Récamier et Napoléon Bonaparte, Premier consul de France et futur empereur, fut rompu.

Elle écrivit une lettre à Mathilde pour exprimer sa colère et prit soin de la confier à Matthieu de Montmorency, son ami, qui rentrait à Paris, afin d'éviter que les services de police n'ouvrent son courrier.

Si vous saviez, Mathilde, ce dont j'ai été témoin ! Junot était avec moi à l'instant où Germaine est arrivée pour me faire ses adieux. Nous ne savions que faire pour la réconforter après cette terrible injustice, cet acte arbitraire et cruel qui montre bien le despotisme sous son aspect le plus odieux de notre Premier consul. Dès lors mes vœux vont être contre lui, contre l'établissement de son pouvoir sans limites[2]. Comment peut-on imaginer que cet homme puisse craindre à ce point une pauvre femme ? Je suis indignée ! Pourtant, vous qui me connaissez bien, vous savez la modération qui de coutume me caractérise. Qu'on ne me demande plus de faire preuve de franche neutralité, j'irai désormais là où me guideront mes sentiments et mes valeurs. Je soutiendrai mes amis !

Mathilde ne savait pas encore si elle partagerait ces informations avec Jean-Jacques Régis et Philippe. Peut-être Juliette avait-elle eu ces pensées sur un coup de colère ? La jeune femme songeait que moins elle en parlerait, moins elle risquerait de nuire à sa cousine.

* *
*

1. Juliette Récamier, *Souvenirs et correspondances tirés des papiers de Madame Récamier*, *op. cit.*, p. 78.
2. Propos inspirés des écrits de Mme Récamier, *op. cit.*, p. 78.

Mathilde restait fidèle à sa double vie. Les jeunes amants se rencontraient souvent, discrètement, tous les deux ou trois jours. Philippe retardait l'échéance de ses noces au maximum afin de vivre sa passion avec Mathilde sans avoir à tromper celle qui serait la mère de ses enfants. Lorsque le jour du mariage viendrait, il aviserait.

Cambacérès, de son côté, ne posait pas de question, cela faisait partie du contrat et simplifiait cette relation tripartite. Seule manquait à ce jeune couple la liberté de sortir amoureusement dans la vie mondaine, les bals masqués ou les soirées de théâtre. Leurs rencontres se passaient généralement dans les appartements de Mathilde, les soirs où Jean-Jacques Régis était absent.

Le 27 octobre 1803, le second consul avait annoncé qu'il rentrerait tard. Il devait assister à un concert que donnait Joséphine à La Malmaison. Bonaparte serait présent. Mathilde avait également été conviée mais, comme Philippe de Ségur devait quitter Paris pour quelques semaines le lendemain matin, elle avait préféré profiter d'une dernière soirée avec lui. Il avait une importante mission à accomplir : recenser les moyens maritimes et évaluer le nombre de navires et d'équipages susceptibles d'être immédiatement opérationnels, en cas de besoin. Ce n'était maintenant plus un secret : la France se préparait à attaquer l'Angleterre. Ce soir-là, tous deux plaisantèrent de la moralité de leur relation. Aussi sincères que fussent leurs amours, ils appartenaient bien à cette catégorie de Parisiens aux mœurs dissolues.

— Pourtant, j'ai bonne conscience, plaisanta Mathilde, et je ne me sens pas l'âme d'une dépravée !

Ils éclatèrent de rire.

Tandis qu'à La Malmaison on écoutait un violoniste jouer des airs de Haydn, Duroc entra soudain et remit une lettre à Bonaparte. L'instant d'après, les rugissements du Premier consul retentirent dans le salon de musique, dont il sortit suivi de Cambacérès.

— Lucien s'est marié hier en catimini dans son hôtel de Brienne et vient seulement de se décider à me l'apprendre, vociféra Bonaparte. Le scélérat !

Cambacérès comprit aussitôt les conséquences d'un tel acte. Ce mariage anéantissait d'un seul coup les espoirs du Premier consul d'allier sa famille aux plus grandes maisons d'Europe. À la suite de son veuvage, Lucien aurait dû être le premier à bénéficier d'une alliance prestigieuse. Napoléon voulait unir son frère à la reine d'Étrurie[1], qui avait elle aussi perdu son mari. Elle était la fille du roi d'Espagne, une Bourbon.

Lucien, le plus indépendant de la fratrie et sûrement le plus intelligent, n'avait pas accepté que son frère Napoléon disposât de son cœur. Il voulait vivre comme il l'entendait : il aimait Alexandrine de Bleschamp, il l'avait choisie et épousée.

Bonaparte décida que son « homme de droit » devait trouver la solution.

— Citoyen consul Cambacérès, je veux immédiatement annuler ce mariage. J'exige que vous entamiez la procédure.

— C'est que, répondit Jean-Jacques Régis, embarrassé, Lucien est veuf et majeur. Si tous les actes et documents fournis pour officialiser son mariage avec la dame de Bleschamp sont en règle et si elle-même l'est aussi, je ne vois pas ce que nous pourrions faire.

— Alors, vérifiez la légalité de tous ces documents. S'il y a le moindre manquement ou faux, annulez immédiatement ce mariage ! ordonna-t-il.

— Il recommencera, répondit calmement Cambacérès.

— Que recommencera-t-il ? demanda Bonaparte irrité.

— Il mettra ses papiers en règle et se remariera aussitôt. Lui imposer par la force un autre mariage est une cause perdue. Vous devez le convaincre ou transiger avec lui, mais en aucun cas exiger.

Le Premier consul, comme à son habitude lorsqu'il était préoccupé, faisait les cent pas, les mains croisées dans le dos.

— Allez donc le convaincre ! lança Bonaparte à Cambacérès. Partez immédiatement !

— Le convaincre de quitter la femme qu'il vient d'épouser ? Un soir de lune de miel ? Le moment est mal choisi…

— Ah ! s'indigna Bonaparte.

Il fallait toute la finesse et l'expérience de Cambacérès pour exprimer son désaccord sans attiser le courroux du Premier consul.

---

1. Ancien duché de Toscane, devenu royaume d'Étrurie en 1801.

— Partez demain à la première heure, conclut Napoléon. Obtenez un divorce ou une annulation, ça m'est égal, je ne veux qu'une chose : rompre ce mariage !

Le lendemain, l'entretien avec Lucien se passa comme Cambacérès l'avait pressenti : il n'obtint aucun résultat. Pire, dans une certaine mesure, le jeune frère de Napoléon perdit l'estime qu'il portait au second consul. Lucien aimait Alexandrine. Il avait eu six mois plus tôt son premier enfant avec elle, un garçon nommé Charles-Lucien, et jugeait fort mal venue la démarche de Cambacérès. Hors de question qu'il abandonnât sa femme et son fils pour satisfaire un aîné tyrannique. Lucien fit porter par Cambacérès une réponse négative et non négociable :

— « Veuillez bien vous charger de dire à mon frère [...] le sincère déplaisir que je sens de ne pouvoir être heureux sans qu'il s'en trouve malheureux. Voilà, citoyen, le *nec plus ultra* de toutes les concessions que je puis lui faire sur ce qu'il désire si vivement. J'ai l'honneur de bien vous saluer[1]. »

Cambacérès était déjà congédié. Il tenta le tout pour le tout en lançant une nouvelle offensive et exprima sans détour la pensée du Premier consul :

— « Je suis désolé, citoyen sénateur, de continuer à vous déplaire. » Le Premier consul est absolument opposé à « cette liberté à laquelle vous croyez avoir des droits, consistant à faire entrer dans sa famille les individus tant mâles que femelles, qui n'auraient pas son approbation[2] ».

— Et pour quelle raison ? Y a-t-il une loi qui m'en empêche ? Ou va-t-il avoir l'audace d'en créer une pour interdire aux membres de la famille consulaire de se choisir librement un conjoint ? s'exaspéra Lucien.

— C'est exactement son souhait ! répondit Cambacérès, qui faisait prendre conscience au jeune sénateur des moyens dont le Premier consul était prêt à user pour parvenir à ses fins.

Le conseiller de Bonaparte vit Lucien accuser le coup.

---

1. Théodore Iung, *Lucien Bonaparte et ses mémoires*, *op. cit.*, p. 338.
2. *Ibid.*, p. 347.

— Eh bien, s'il veut aller au tribunal et me faire un procès, je suis prêt à y aller.

Le pauvre Cambacérès, agissant par devoir, n'avait pas grand-chose à opposer au jeune homme. Il détestait ces missions familiales que Napoléon n'hésitait pas à lui confier. Lucien était par ailleurs blessé de voir le sort que l'on réservait à sa nouvelle épouse. Cet entretien était si humiliant pour Alexandrine qu'il décida, avec l'aval de sa mère, Letizia, de ne pas en toucher mot à la jeune femme. Le Premier consul était allé jusqu'à proposer à son frère de s'unir officiellement avec l'infante d'Espagne, tout en continuant à fréquenter Alexandrine.

Lucien persista fermement dans son refus et les deux hommes en restèrent là. Mais par cette insoumission, le cadet venait de signer sa perte, en tout cas pour ce qui concernait son destin au sein de la famille régnante. Il n'obtiendrait plus rien du Premier consul. L'avenir seul pourrait dire s'il en serait plus heureux ou malheureux que ses frères et sœurs.

Le mois suivant, Pauline, la benjamine des demoiselles Bonaparte, fut plus raisonnable : veuve, elle aussi, du général Leclerc, elle se laissa marier, selon le désir de son frère, au riche prince romain Camille Borghèse.

— Elle aussi fera ce qu'elle voudra de cette union. Elle ne fut pas une épouse bien fidèle lors de son premier mariage, railla Cambacérès.

— Elle n'était pas amoureuse du général Leclerc ? demanda Mathilde qui n'avait pas connu cet homme.

Dès 1801, il avait été envoyé par Bonaparte à Saint-Domingue, dans les Caraïbes, pour remettre de l'ordre.

— Elle devait l'aimer à sa façon, car elle a manifesté une immense tristesse à sa mort. Mais elle le trompait beaucoup.

— Cela se savait ?

— Disons que Pauline a toujours été célèbre pour s'afficher ouvertement avec ses amours. Elle est un peu délurée et Napoléon cède à ses caprices. Elle le sait et elle en abuse.

— Presque tous ses caprices, puisque Junot m'a dit avoir demandé sa main, et Napoléon aurait préféré la donner à Leclerc.

— Vous en savez plus que moi, Mathilde ! conclut-il en enfilant son manteau de laine.

Le mariage de Pauline allait être célébré dans quelques heures et le couple Cambacérès se préparait à se rendre à Mortefontaine, chez Joseph, le frère aîné des Bonaparte. C'était là que la cérémonie devait avoir lieu. Le second consul avait été choisi pour être le témoin de la mariée. Jean-Jacques Régis et Mathilde avaient décidé de faire un petit détour en partant de chez eux pour passer devant la fameuse passerelle tout juste inaugurée et qui se nommait le pont des Arts.

Monge avait insisté auprès de Mathilde pour qu'elle allât le voir. Cet édifice était le premier pont métallique construit en France, c'était d'ailleurs plus une passerelle qu'un pont, car il ne permettait que le passage des piétons. Aucune berline, aucun fiacre ne pourrait y circuler. Les ingénieurs avaient voulu représenter une sorte de jardin suspendu au-dessus de la Seine, avec des arbres et des fleurs. « Une merveille, s'était extasié Monge, cette passerelle relie la Cour carrée du Louvre à l'Institut de France ! »

Le trajet en berline permit à Jean-Jacques Régis de répondre aux questions de Mathilde et de raconter brièvement les circonstances de la mort de Leclerc à Saint-Domingue.

La situation dans cette île, pourtant la plus riche et la plus rentable des colonies françaises dans les Caraïbes, était confuse depuis plus de dix ans ; ce qui faisait dire à Bonaparte que la France ne savait pas gérer ses colonies à distance et qu'il valait mieux laisser Saint-Domingue devenir autonome. Mais avant d'en arriver à cette conclusion, il avait fait plusieurs tentatives pour rétablir l'ordre. À la fin de l'année 1801, devant le chaos qui y régnait, il avait nommé Leclerc général en chef d'une expédition de trente mille hommes. Sa mission était de ramener l'ordre et l'autorité de la France sur ce territoire que l'ancien gouverneur, Toussaint Louverture, avait rendu presque autonome.

— Mais comment un simple gouverneur avait-il pu prendre tant de liberté ? s'étonna Mathilde qui ne comprenait pas bien la situation.

— C'est que Toussaint Louverture n'était pas un simple gouverneur, justifia Cambacérès. Il était aussi et d'abord un ancien esclave, issu d'une famille royale d'un pays d'Afrique, le Dahomey[1].

1. Devenu aujourd'hui le Bénin.

Son père avait été déporté, conduit en bateau à Saint-Domingue et vendu comme esclave. Toussaint, lui-même esclave, vif et intelligent, fut pris sous l'aile protectrice de son maître. Il lui apprit à lire et à écrire, si bien que le jeune homme était devenu le contremaître du domaine.

— C'était à quelle époque ? interrogea Mathilde.

— Il y a quelques années, peu de temps avant notre Révolution... Révolution qui a eu beaucoup de répercussions sur l'île. Les esclaves se sont rebellés et Toussaint est devenu leur chef.

Puis, en 1793, le jeune esclave avait lancé un appel pour une nouvelle révolte dans l'esprit de la Révolution française :

Frères et amis, je suis Toussaint Louverture, j'ai entrepris la vengeance de ma race. Je veux que la liberté et l'égalité règnent à Saint-Domingue. Unissez-vous, frères, et combattez avec moi pour la même cause. Déracinez avec moi l'arbre de l'esclavage[1].

La mutinerie des esclaves menée par Toussaint Louverture constitue la seule révolte d'esclaves réussie. Les conséquences furent immenses puisque, grâce à cette victoire en 1794, la Convention abolit l'esclavage sur tous les territoires de la République française et donna le grade de général de brigade à Toussaint. Il reçut également pour mission de déloger les Britanniques au nord et à l'ouest de l'île, ce qu'il fit avec succès en 1798.

— Mais Toussaint, devenu entre-temps le premier gouverneur noir d'une colonie française, est allé trop loin. Il y a deux ans, il a promulgué une nouvelle constitution autonomiste lui donnant les pleins pouvoirs et le nommant gouverneur à vie. Cette mesure a tout simplement conféré à l'île un statut d'indépendance, et ce, sans l'accord du Premier consul ! Or nous avions besoin de ses cultures de canne à sucre et nous n'allions pas la céder pour rien.

— Je comprends. C'est là que Bonaparte intervient...

— Exactement. C'est à ce moment-là que le Premier consul a décidé d'envoyer son beau-frère, le général Leclerc, remettre un

1. Hannibal Price, *De la réhabilitation de la race noire par la République d'Haïti*, Port-au-Prince, J. Verrollot, 1900, p. 298.

peu d'ordre. Leclerc a débarqué avec sa femme, son fils et trente mille hommes. La tâche n'était pas aisée, mais semblait possible... Après quelques premiers succès, l'armée a essuyé plusieurs revers. Le jeune général a souffert de malchance : d'abord, il eut à faire face à une violente insurrection des populations indigènes qui se rebellaient à la suite du rétablissement de l'esclavage dans l'île voisine de la Guadeloupe, puis une épidémie de fièvre jaune a décimé son armée.

— Sont-ils tous morts ?

— Presque tous, et Pauline est revenue veuve avec son fils. Mais avant de mourir, Leclerc avait arrêté Toussaint Louverture et sa famille pour les emprisonner en France, au fort de Joux. Le pauvre homme y est mort d'une pneumonie en avril dernier. Sa famille est depuis exilée à Bayonne.

Saint-Domingue allait ainsi devenir, le 1er janvier 1804, Haïti, la première république indépendante à population majoritairement noire, sans que l'homme à l'origine de cet immense succès pût le voir de ses propres yeux. Cet échec allait marquer Bonaparte. Pour la première fois, son armée était battue. Certes, il ne la commandait pas lui-même, mais la défaite était tout de même la sienne. Depuis lors, il s'était persuadé de concentrer ses efforts sur le territoire européen et d'abandonner l'idée d'un empire français dans le Nouveau Monde.

* *
*

Tandis qu'à Paris on célébrait les noces de Pauline, Germaine de Staël en avait profité pour se rendre, depuis Coppet, en Allemagne et en Prusse, où elle souhaitait trouver une bonne université pour son fils aîné. Elle voulait également rencontrer des intellectuels allemands, dont elle avait entendu parler. Elle était partie au plus vite, à la fin de l'automne, avec Benjamin Constant et ses trois enfants, avant que les chemins ne soient rendus impraticables par les grands froids venus des pays nordiques. Les lettres qu'elle envoyait à Juliette, et que cette dernière montrait à Mathilde, étaient enthousiastes et rassuraient ses jeunes amies françaises sur son sort.

Berlin, le 4 janvier 1804
Ma jolie amie Juliette,

Je ne saurais vous décrire le vide que votre absence crée dans mon cœur. J'aurais tant aimé vous emmener avec moi et vous faire découvrir les immenses richesses intellectuelles que m'offre chacune de mes étapes ! Il en est une, en particulier, dont je ne peux résister à l'envie de vous dire quelques mots tant j'ai été subjuguée par ce personnage rencontré dans la ville de Weimar. M. Goethe, dont Benjamin m'avait parlé, est un homme de génie ! Il sait tout faire ! Il est à la fois un grand écrivain, mais aussi scientifique, botaniste et géologue. Il parle six langues, dont un français charmant, ce qui m'a grandement facilité la tâche, car mon allemand est bien lu, mais fort mal parlé.

Son don le plus extraordinaire est certainement son talent d'écrivain. Son style est exceptionnel, son premier ouvrage, Les Souffrances du jeune Werther, *est remarquable. Croyez-moi, la littérature allemande est malheureusement trop méconnue en France, nous sommes trop peu à comprendre cette langue. L'allemand, pour être apprécié comme il convient, requiert une maîtrise parfaite, d'autant que « les beautés de cette langue surtout en poésie ne peuvent être traduites en français[1]. »*

Nous avons échangé sur plusieurs de ses livres et cela m'a permis de retrouver les conversations intellectuelles qui me manquent tant depuis que j'ai quitté Paris. Mon seul souhait est de vous revoir au plus vite, ma tendre amie.

Germaine

* *
*

En France, le Premier consul continuait à faire fréquemment des allées et venues entre Paris et le camp de Boulogne, où les troupes s'entraînaient en attendant le jour du débarquement sur les côtes anglaises.

Le matin du 21 mars 1804, le second consul rentra chez lui à l'aube, le teint livide, le pas lent, envahi par un profond découragement.

1. Germaine de Staël, *Œuvres complètes de Mme la baronne de Staël-Holstein*, volume XI, Treuttel & Würtz, tome 10, Paris, 1820, p. 194.

C'était pourtant ce jour que devait être promulguée la loi qui contenait les deux mille deux cent quatre-vingt-un articles[1] de son Code civil, loi qui couronnait quatorze ans d'un travail acharné. Cette œuvre, son œuvre, allait donner à la France un système juridique dont les bienfaits sur le monde[2] seraient sans précédent.

Cambacérès avait la tête ailleurs. À plusieurs reprises, jusqu'à la dernière minute, il avait tenté de convaincre le Premier consul de ne pas commettre l'irréparable. Peine perdue, peu avant 6 heures du matin, Louis Antoine Henri de Bourbon-Condé, duc d'Enghien, était fusillé dans les fossés du château de Vincennes. Ainsi s'était achevée la vie du dernier descendant de la maison de Condé, qui eut le malheur d'avoir du sang Bourbon plus que d'être coupable de trahison ou de crime d'État.

Le duc d'Enghien n'était pas le personnage le plus proche du trône. Avant lui, les frères cadets de Louis XVI étaient en première ligne. Mais leur enlèvement aurait été plus complexe et ce fut donc le pauvre jeune duc qui eut la malchance d'être choisi par Talleyrand pour contrer les projets de conspiration sur la personne de Bonaparte.

Depuis la rupture du traité d'Amiens, les Anglais n'avaient qu'un seul souhait : voir le Consulat tomber et les Bourbon remonter sur le trône. Ils assuraient donc la logistique des mouvements royalistes et les aidaient à élaborer les pires projets pour déstabiliser Bonaparte, voire l'assassiner.

L'exécution du duc d'Enghien résultait des aveux d'un certain Bouvet de Lozier, arrêté à la mi-janvier. Il avait livré les noms des généraux Pichegru, Moreau et Georges, qui conspireraient contre le Premier consul. Chacun des chefs dénoncés avait un rôle bien défini. L'ancien général Pichegru, monarchiste convaincu, devait, à la suite

1. Ces deux mille deux cent quatre-vingt-un articles étaient répartis en trois sections : l'application des lois, les biens, les personnes et la propriété.

2. Ce code, même après quelques adaptations, reste le texte fondateur du Code civil en France. Le système juridique français a inspiré de nombreux pays dont la Belgique, le Sénégal, le Québec, la Suisse, la Hollande, l'Italie, l'Espagne, l'Allemagne, le Portugal, la Roumanie, l'Iran et les pays d'Asie, dont le Japon. Le droit civil est un système plus répandu que la common law.

de l'assassinat du Premier consul, ramener les assemblées à la cause des royalistes. Sa culpabilité était plausible, car il avait déjà trahi au profit de la monarchie sous le Directoire.

Bouvet avait ensuite raconté qu'un prince français arriverait alors à Paris et serait présenté par Moreau aux armées. Moreau fut arrêté le 15 février, puis ce fut le tour de Pichegru ; enfin, après une course-poursuite dans les rues de Paris, le cerveau de l'affaire, un ancien chef chouan nommé Cadoudal, que tout le monde appelait de son prénom Georges, fut lui aussi emprisonné au Temple. Il était celui qui devait porter le coup de grâce au chef de l'État !

L'affaire fit un bruit énorme, d'autant que Moreau clamait son innocence. Juliette et Mathilde le connaissaient bien, il était le général le plus populaire de France après Bonaparte. Mais endoctriné par sa belle-famille et en particulier par sa femme, il était en conflit avec le Premier consul. Mme Moreau était une ancienne amie de Joséphine. Elle était jalouse de cette dernière et rêvait d'une destinée plus glorieuse pour son époux.

— Il ne peut pas être coupable ! Je connais trop Moreau pour le penser capable d'un tel acte, avait affirmé Juliette à sa cousine.

Mathilde avait osé émettre un doute, car elle savait l'ambition de Mme Moreau pour son mari.

— Je puis vous l'affirmer, Mathilde, avait dit fermement Juliette. Car j'ai été témoin d'un fait irréfutable qui le disculpe totalement. Malheureusement, je ne pourrai en témoigner auprès de la cour le jour du procès.

L'affaire Pichegru occupait tous les esprits et Juliette détenait une information de premier ordre.

— Vous connaissez les liens qui m'unissent à Bernadotte. Depuis l'immense service qu'il me rendit pour sauver mon père, vous savez combien je suis devenue intime avec lui !

— Je sais, je sais.

— Bernadotte s'est lui aussi détaché depuis quelque temps de Napoléon. Il agit avec finesse et discrétion, mais plusieurs d'entre nous commencent à le savoir.

Mathilde acquiesça. Juliette reprit :

— Au début, cette mésentente portait sur une rivalité militaire, puis elle s'est renforcée. Tous ces hommes qui ont œuvré pour une république égalitaire n'apprécient pas l'absolutisme du pouvoir bonapartiste. Bernadotte, continua Juliette, est venu me trouver il y a plusieurs mois, pour me demander d'organiser une rencontre secrète chez moi entre lui et Moreau, dont il sait qu'il est de mes bons amis. En effet, Bernadotte tentait de réunir une députation des plus grands généraux pour aller officiellement mettre en garde Bonaparte sur ses méthodes et son comportement autoritaires. Convaincre Moreau de le rejoindre était la promesse de rassembler de nombreux autres officiers de l'armée française.

Mathilde n'en croyait pas ses oreilles. Jamais elle n'aurait cru Juliette impliquée dans toutes ces histoires.

— Après de multiples tentatives pour entraîner Moreau, il n'obtint aucun résultat. Alors, comment aurait-il pu se compromettre dans une affaire mille fois plus risquée ? Par ailleurs, Moreau est un vrai républicain, surtout pas un royaliste ! L'accusation ne tient pas. Que les monarchistes aient songé à profiter de sa popularité, je n'en doute pas, mais que lui ait accepté : c'est impossible !

— Je comprends, conclut Mathilde, pourquoi vous devez rester muette, afin de ne pas mettre en péril Bernadotte.

Furieux d'apprendre qu'une fois de plus on préparait un attentat contre lui, Napoléon avait décidé de réagir vite et avec sévérité ! Mais de quel prince royal s'agissait-il ?

Talleyrand savait que « le duc d'Enghien se tenait sur la frontière, qu'il avait paru à Strasbourg, et qu'il était peut-être venu à Paris[1] ». Sans doute était-il le prince en question… Dernier des princes de Bourbon-Condé, son grand-père avait déjà, dans le passé, constitué une armée d'émigrés dévoués à la monarchie contre la République. Le jeune duc d'Enghien s'était battu dans cette même armée aux côtés des Autrichiens. Ces faits rapportés par Talleyrand jouaient contre le duc ; il était le coupable tout trouvé.

Sûr d'être le nouvel homme fort du Premier consul, le préféré des conseillers, Talleyrand, se hâta de convaincre Bonaparte d'organiser immédiatement de fermes représailles. Exécuter au plus vite ce jeune duc s'imposait.

1. Charles-Maurice de Talleyrand-Périgord, *La Confession de Talleyrand*, volumes 1-5, 1754-1838, L. Sauvaitre, Paris, 1891, p. 197.

Mais ce dernier s'était réfugié en pays de Bade, un territoire où il pensait être à l'abri. Les Français n'avaient pas le droit d'y pénétrer pour y commettre des actes illégaux tels qu'un enlèvement.

Talleyrand insista pour passer outre cet obstacle. Le Rhin fut franchi par plus de mille hommes conduits par Caulaincourt[1]. Dans la nuit du 15 au 16 mars 1804, ils enlevèrent le duc d'Enghien dans son château d'Ettenheim. Après une étape à Strasbourg, le duc fut amené à Vincennes. Là, il fut jugé dès son arrivée par une cour martiale et reconnu coupable à l'unanimité. Il demanda à plusieurs reprises à voir le Premier consul. Savary[2], alors à la tête de la gendarmerie d'élite, s'y opposa fermement.

Lors du conseil exceptionnel tenu la semaine précédente, Talleyrand s'était prononcé avec insistance pour l'enlèvement et l'élimination du duc. Jean-Jacques Régis avait tenté de sauver le jeune prince en avançant plusieurs arguments : résident non français, procédé illégal, obligation de traduire le duc devant un tribunal compétent, violation des lois internationales que ne pardonneraient pas les pays voisins. Dans une période où la France avait besoin d'alliés, il convenait de les ménager.

Sentant l'issue fatale, Cambacérès avait tenté de suggérer que la simple détention du duc était suffisante pour intimider les royalistes. Il insista sur le fait que Bonaparte ne pouvait pas user de procédés qui dataient de la Révolution ou de la Terreur sans salir son image. Joséphine, elle-même, tenta de fléchir son époux.

Aucun de ces arguments ne contra la puissante influence de Talleyrand. Même Fouché, pourtant en disgrâce, rappelé pour

1. Militaire et diplomate, le marquis Armand de Caulaincourt s'est volontairement engagé dans la garde nationale parisienne en 1792. Il sera l'aide de camp de Napoléon en 1802 et deviendra général de brigade en 1803.

2. Anne Jean Marie René Savary, aide de camp de Desaix avec Rapp en 1800 durant la deuxième campagne d'Italie, puis de Bonaparte à la mort de Desaix. Très loyal envers Napoléon, homme de confiance, il devient dès 1801 chargé des missions délicates. En 1804, il est général de brigade, commandant de la gendarmerie d'élite attaché à la protection de Bonaparte, et aussi, plus confidentiellement, à la tête d'une police militaire secrète. Il s'est marié en 1802 avec Félicité de Faudoas, une lointaine cousine d'Hortense de Beauharnais. Les deux jeunes femmes sont amies.

donner son avis, ne souhaitait pas accabler le jeune duc. Sur cette affaire, il préférait rester silencieux. Une seule chose l'intéressait : retrouver sa position de ministre. Il tenait là une excellente occasion d'y arriver. Pendant la paix d'Amiens, l'absence du ministère de la Police ne s'était pas trop fait sentir, mais face aux multiples intrigues fomentées par les Anglais, la police, placée sous la direction du ministre de la Justice, cumulait les erreurs. Joseph Fouché comptait bien en profiter.

Malgré son départ du ministère, l'ancien homme fort avait continué à payer ses informateurs. Savoir tout sur tout le monde était pour lui un besoin aussi essentiel que celui de manger ou dormir. Mais Fouché gardait les conclusions de ses enquêtes pour lui. Peut-être en savait-il plus que tout le monde sur cette conspiration ? Pour l'heure, son objectif n'était pas de résoudre l'affaire, mais de l'utiliser à son profit, et Cambacérès le savait.

Jean-Jacques Régis se rendait compte que Bonaparte ne l'écoutait plus, son regard le fuyait. Rien n'était plus comme avant. Cambacérès le constatait tous les jours : Napoléon Bonaparte avait changé. À plusieurs reprises, le Premier consul avait pris d'importantes décisions sans même le consulter. Les mesures qu'il s'apprêtait à mettre en place sur l'hérédité du pouvoir en étaient le meilleur exemple. Il ne s'agissait plus de choisir son successeur pour s'assurer de la continuité de ses actions, mais bien de réintroduire, à la manière des rois, la transmission du trône à leur descendance. Bonaparte voulait lui aussi permettre à ses frères, ou à son fils s'il en avait un, de prendre la tête de l'État lorsqu'il mourrait. Cambacérès avait exprimé très tôt son opposition : pourquoi revenir à une situation que les Français avaient supprimée par une révolution ? L'idée même qu'être bien né supplanterait la sélection par le mérite anéantissait le second consul. Comment Bonaparte avait-il pu en arriver là, lui qui, à Brienne ou à l'École royale militaire, se morfondait de voir des condisciples, moins compétents, lui passer devant sous prétexte qu'ils étaient mieux nés que lui ? Comment pouvait-il commettre cette erreur grossière de laisser l'exercice du pouvoir à une possible incompétence ?

Talleyrand et Fouché, au contraire, toujours vils dans leurs stratagèmes, étaient très favorables à ce changement. Ils savaient qu'ils pourraient facilement influencer ces nouveaux héritiers. Joseph, frère aîné de Napoléon, était le premier sur la liste de succession, suivi de Louis...

Mais Cambacérès, que deviendrait-il, lui ? Ou plutôt que voulait-il devenir ?

Travailler sans relâche pour Napoléon Bonaparte ne lui avait jamais fait peur, ce travail le passionnait. En revanche, si le Premier consul venait à mourir, s'épuiser à encadrer un Bonaparte qui n'aurait pas le génie de Napoléon ne l'enthousiasmait pas. Joseph n'avait ni la carrure ni la vision de son frère, et encore moins Louis. Aucun n'aurait l'autorité nécessaire pour s'imposer face à des personnages tels que Talleyrand et Fouché. Seul Lucien aurait peut-être pu faire l'affaire, mais depuis son mariage il n'avait droit à rien...

Cambacérès devait choisir. Pourquoi ne pas retrouver son ancien métier de jurisconsulte ? Après tout, à cinquante et un ans, il se sentait à l'aise et confiant pour reprendre ce rôle. Homme loyal, il prit le temps de réfléchir quelques jours : il donnerait sa démission à Bonaparte dans les prochains jours... L'Empire se ferait sans lui.

En arrivant à l'hôtel d'Elbeuf, ce matin-là, il ressentit un vif besoin de parler à sa femme pour clarifier ses idées. Bien qu'il fût très tôt, la jeune femme, déjà éveillée, l'invita à converser dans sa chambre.

Unis déjà depuis plus de deux ans, les époux Cambacérès formaient un ménage inhabituel mais se témoignaient un respect et une tendresse réciproques. Ils avaient réussi à créer une intimité d'amants, bien qu'ils ne le fussent pas physiquement. Peut-être la jeune fille avait-elle reproduit la relation qu'elle avait observée chez Jacques-Rose et Juliette Récamier. En voyant le visage de Cambacérès, elle s'inquiéta.

— Qu'avez-vous, mon ami ? Je vous vois tout dolent, ni rasé ni rafraîchi, et encore avec vos habits d'hier soir. Qu'est-il arrivé ?

Un long soupir suivi d'un silence fut la première réponse que Mathilde obtint de son époux.

— Un drame vient d'avoir lieu. J'en ai été informé et je n'ai pas réussi à l'éviter. Le Premier consul perd la raison et se laisse tromper par Talleyrand, mal intentionné, capable des pires ignominies et qui, dans cet acte horrible, est devenu son complice...

— De qui parlez-vous ? Que s'est-il passé ?

— Bonaparte a fait enlever de manière illégale le duc d'Enghien pour le faire fusiller, après un procès de pacotille. Il a violé ainsi, en une seule action, « le droit des gens européens, la Constitution [...], la pudeur publique, l'humanité, la religion[1] ». Quelle grave erreur ! Les journaux en parleront aujourd'hui, mais à cet instant personne n'est encore au courant.

Mathilde, terrassée par cette nouvelle, porta les deux mains à son visage et resta muette un moment. Puis elle s'indigna :

— Mais c'est un meurtre ! Comment a-t-il pu faire cela ? Comment en est-on arrivé là ?

Cambacérès balançait lentement la tête, perdu dans ses pensées. Mathilde avait trouvé le terme qui convenait : par cette action, le chef de la République de France devenait un assassin.

— Voyez-vous, Mathilde, je viens ce matin de prendre une décision qu'il est important pour moi de partager avec vous. Je vais me retirer de mes hautes fonctions de l'État et reprendre mon ancienne occupation de jurisconsulte. Je ne veux pas travailler pour une cause à laquelle je ne crois plus. Je ne me suis pas opposé au Consulat à vie, car, comme je vous l'avais expliqué, je consentais à la nécessité de protéger les réalisations de notre politique. J'aurais compris que Bonaparte s'octroie, pour les mêmes raisons, la possibilité de choisir son successeur, mais je n'accepte pas l'hérédité dans la transmission du pouvoir. Le Premier consul croit ainsi éluder le désordre que provoquerait sa mort. Mais ce ne serait que résoudre un problème en en rajoutant un autre ! En quoi Joseph, premier héritier du trône, serait-il plus habile que nous, les consuls ou les ministres, à diriger le pays ? Joseph n'a pas les qualités de Napoléon et ni celles d'un homme d'État.

— Je comprends, mon ami. Qui seraient les héritiers dans l'ordre de succession ?

— Tant que Napoléon n'a pas d'enfant, ce serait ses frères : Joseph, puis Louis. Lucien et Jérôme sont écartés pour l'instant, car ils sont brouillés avec le Premier consul à la suite de leurs mariages. Restent enfin les fils de Louis, puisque Joseph n'a que des filles...

1. Germaine de Staël, Mme Necker de Saussure, extrait de *Dix années d'exil*, Paris, Plon-Nourrit, 1904, p. 127. Cette phrase de Germaine de Staël est ici placée dans la bouche de Cambacérès, qui n'en pensait pas moins !

Jean-Jacques Régis venait, à propos de Jérôme, le plus jeune frère de Napoléon, d'apporter des informations occultées par tous les événements récents. Lui aussi avait pris la liberté de se marier selon son gré, sans en informer son aîné. Engagé dans la marine à la demande de Napoléon, il était tombé amoureux d'une jeune Américaine, Élisabeth Patterson, lors d'une escale à Baltimore, et l'avait l'épousée.

— Parlez-vous sérieusement quand vous dites vouloir vous retirer ? Êtes-vous sûr de votre choix ?

— Je le suis, répondit fermement Cambacérès. Fouché et Talleyrand ont convaincu Bonaparte que mon opposition à la succession héréditaire était motivée par mon intérêt personnel.

— Comment cela ?

— Si la succession de Napoléon est placée sous le principe de l'hérédité et que le Premier consul disparaît, je perds ma position de second personnage de l'État. Ma démission leur coupera l'herbe sous le pied et ils concevront peut-être que, contrairement à eux, mon ambition n'est pas mon guide. Tout au moins Bonaparte le comprendra-t-il peut-être. Je suis las de ces complots et de ces mesquineries.

— Justement, mon bon ami, qui restera auprès de Bonaparte si vous laissez le champ libre à des personnages moins scrupuleux, prêts à tout pour obtenir les faveurs du chef de l'État ? Même si je perçois bien votre émotion et votre lassitude, je ne pense pas que votre décision soit la bonne ni pour le Premier consul ni pour la France. Et je doute que Bonaparte vous laisse partir facilement...

Après un silence, Cambacérès poursuivit :

— Je pense avoir achevé l'œuvre que j'avais à accomplir. Le Code civil est promulgué aujourd'hui, les autres codes sont en cours d'examen au Conseil d'État, la justice en France est maintenant organisée et indépendante. J'ai conduit un certain nombre de projets, peut-être est-il temps que je laisse la place à d'autres.

— Mais qui pourra vous remplacer ? Qui possède votre compétence et votre expérience, votre loyauté et votre capacité de travail ? Quel duo peut fonctionner mieux que celui que vous composez avec Bonaparte ?

Mathilde s'était dressée sur son lit pour le convaincre. Elle continuait à développer sa vision des choses :

— Qui sera là pour gouverner lorsque notre Premier consul ira en campagne militaire ? Qui veillera au bon fonctionnement des finances, et rassurera les banquiers français ? Croyez-moi, réfléchissez bien à vos arguments si vous voulez convaincre Bonaparte.

Cambacérès aimait la clairvoyance de sa jeune épouse. Elle avait une finesse d'analyse qui l'émouvait.

Le Premier consul fut surpris de trouver cette démission sur son bureau.

— Depuis quand mes collaborateurs démissionnent-ils ? C'est moi qui d'habitude les congédie, remarqua Bonaparte d'une voix adoucie par la gravité des faits.

Il prenait très au sérieux la décision de son second consul. Plus il y songeait et plus il se disait qu'il n'était pas possible de l'accepter. De tous ceux qui l'entouraient, Cambacérès était l'un des rares à oser s'opposer à lui et à avoir le courage de lui parler avec honnêteté. Il était son garde-fou, le collaborateur de tous les instants, avec une disponibilité sans faille. Mais surtout, c'était un roc qui jugeait sereinement les situations.

Cambacérès lui était indispensable, et l'avoir auprès de lui le rassurait. Si Fouché et Talleyrand comptaient parmi ses proches conseillers, le Premier consul était conscient que l'un comme l'autre pouvaient toujours le trahir.

— Même si je veux rendre ma succession héréditaire, cela ne change rien pour vous, déclara Napoléon en soutenant Cambacérès du regard.

— Ce n'est pas la principale raison de ma démission.

— Alors pourquoi ? demanda Napoléon, agacé.

— Je veux pouvoir garder ma liberté de penser lorsque je ne suis pas d'accord avec certaines de vos décisions. Je ne peux accepter d'être associé à une ignominie telle que l'exécution du duc d'Enghien.

Napoléon ne répondit pas. Il savait au fond de lui qu'il avait été manipulé dans cette affaire. Il ne voulait pas encore se l'avouer, mais cette idée ne le lâchait pas. Talleyrand l'avait mal conseillé et il n'avait pas compris pourquoi.

Pour la première fois depuis qu'il était au pouvoir, Bonaparte eut à insister pour convaincre Cambacérès de rester avec lui afin de continuer la grande œuvre qu'ils avaient commencée ensemble.

— Vous savez, Cambacérès, lui dit-il en lui prenant le bras et sans y mettre plus de formes, j'ai besoin de vous. J'ai beau chercher, je ne vois pas par qui je peux vous remplacer.

Le ton de sa voix trahissait une forte émotion.

— Vous resterez le premier, poursuivit Bonaparte, après mes frères de sang que vous guiderez, car en mon absence je veux que tout soit contrôlé par vous, que vous continuiez à présider le Sénat, le Conseil d'État, le Conseil des ministres, les conseils d'administration.

L'échange entre les deux hommes se poursuivit. Bonaparte finit par obtenir gain de cause. Cambacérès, homme de devoir, de dévouement et d'obéissance, se laissa convaincre.

— Félicitez Mme de Cambacérès pour son talent d'analyse et pour avoir, avant moi, déjà travaillé à vous dissuader de partir ! Je ne suis pas dupe, je sais que c'est pour elle que vous le faites, plus que pour moi ! lança-t-il comme une boutade au second consul sur le point de franchir la porte.

C'était en réalité pour la France que Jean-Jacques Régis avait décidé de rester.

Ce choix difficile, Cambacérès ne le savait pas encore, serait le début d'une nouvelle ère napoléonienne…

Souvent, il se poserait la question de savoir s'il avait eu raison ou pas de céder à la demande du Premier consul. Une voix intérieure lui murmurait que cette décision ne serait pas de tout repos. Mais il avait hâte de voir ce que Napoléon Bonaparte allait encore imaginer, car l'avenir de tous était indiscutablement lié aux actes de cet homme.

Retrouvez l'univers de
Mathilde, Juliette, Bonaparte et les autres sur
https://aline-voinot.com.
Un site sous la responsabilité et direction d'Aline Voinot.

Remerciements

Mes remerciements sincères à :

Marie-Claude BOURDÈRES et Michel MIFSUD, ceux de la première heure,

mais aussi à Behta NADJI, Cécile MOLINA, Éric VOINOT, Geneviève FANTON, Victor SANCHEZ, François SAUREL, Anne TORREGROSSA, Philippe COLLOMBEL, Marion DEYE, Pedro MITRAUD, Monsieur V.

Ils ont tous contribué à faire ce que ce livre est devenu.

www.deboree.com
livres@centrefrance.com

Imprimé en France par CPI
en juin 2023
N° d'impression : 2072388
Dépôt légal : avril 2023
ISBN : 978-2-8129-2826-0
ISSN : 2497-8876